장로교회의 큰 물줄기

장로회 정치 제도의 기원과 역사

장로회 정치 제도의 기원과 역사
장로교회의 큰 물줄기

2023년 9월 25일 1쇄 인쇄
2023년 9월 30일 1쇄 발행

지은이 | 진지훈
펴낸이 | 박영호
펴낸곳 | 도서출판 솔로몬

주소 | 서울시 동작구 사당로 143
전화 | 599-1482
팩스 | 592-2104
직영서점 | 596-5225

등록일 | 1990년 7월 31일
등록번호 | 제 16-24호

ISBN 978-89-8255-619-7 03230

2023 ⓒ 진지훈
Korean Copyright ⓒ 2023
by Solomon Publishing Co., Seoul, Korea

저작권법에 의하여 한국 내에서 보호를 받는 저작물이므로
무단전재와 복제를 금합니다.

The Great Stream of the Presbyterian Church
Origin and History of the Presbyterian Political System

장로교회의 큰 물줄기

장로회 정치 제도의 기원과 역사

진지훈 지음

솔로몬

추천의 글

진지훈 박사가 심혈을 기울인 연구의 산물인 "장로교회의 큰 물줄기"에 깊은 경이로움을 느낍니다. 진지훈 박사는 미국에 유학해 칼빈신학교에서 장로회 정치 제도와 역사를 공부한 장로회 정치 제도의 전문가입니다. 그뿐 아니라 장로교 헌법의 원류가 되는 종교개혁자 칼빈의 16세기 제네바교회 헌법과 그의 성경주석을 비교 연구하는 논문으로 박사학위를 받은 정통 개혁주의 칼빈 학자입니다. 더욱이 이 책은 평소 학자로서의 소신과 통찰력 있는 필력이 고스란히 묻어있어서 장로회 정치 제도의 기원과 역사에 대해서 재미있게 접근할 수 있게 합니다. 이 책을 읽는 독자들이 장로회 정치 제도에 대해서 더 많은 이해를 갖게 될 것이라 기대합니다. 발간을 축하드리며 이 책이 이 땅의 모든 장로교회 성도들에게 명쾌하고 시원한 활력소가 되기를 소망합니다.

수경노회 노회장 김오권 목사(Ph.D, 한길교회 담임)

존 칼빈(John Calvin)의 『제네바 법령』(Ecclesiastical Ordinances) 1561년 판 교회 법령 서문에 보면, 교회법 제정의 목적을 우리 주님의 복음의 교리가 그 순수성을 보전할 수 있게 또 좋은 통치와 정치 제도에 의하여 교회가 적절히 유지하도록 하기 위함이라고 밝히고 있습니다. 무엇보다 교회법은 다른 사람을 바르게 권고하기 위한 것이라고 말합니다. 그 정신을 이어받은 것이 장로회 정치 제도입니다. 대한민국은 세계에서 장로교가 제일 크게 성장하고 자리 잡은 나라입니다. 그런데 지금까지 장로교 정치 제도와 교회법에 대한 연구가 부끄러울 만큼 빈약했던 것이 사실입니다. 이번에 장로회 정치의 역사적인 배경과 원리에 대해서 핵심을 알기 쉽게 설명해주는 귀한 책을 내놓았습니다. 이 책이 이 땅의 장로교 교인들에게 바른 신앙 정체성을 확립하는 분명한 좌표가 될 것이고 장로교 교인으로서의 자부심을 심어줄 것이라고 확신합니다.

수경노회 서기 이정권 목사(Ph.D, 예수사랑교회 담임)

저자 서문

나는 장로교 목사의 아들로 태어났다. 별을 좋아해서 경희대학교 우주과학과에서 천문학을 공부했고, ㈜한글과컴퓨터에서 3년 남짓 소프트웨어 개발자로도 일했다. 하지만 결국 목사로 하나님의 부르심을 받았고 아버지의 뒤를 이어 장로교 목사가 되었다.

목사 안수를 받은 후 특별한 준비도 없이 무엇을 공부해야겠다는 특별한 계획도 없이 떠난 유학길에서 하나님은 유학생 교회 두 곳을 맡기셨다. 마틴 한인교회(TN)와 머레이 한인교회(KY)를 3년 8개월 동안 비가 오나 눈이 오나 매주 차로 왕복 2시간을 오가며 섬겼다. 그러면서 테네시 주립대학(University of TN)에서 경영학석사(MBA) 과정을 마쳤다. "하나님은 왜 목사에게 경영학 공부를 시키시는가?" 하는 고민도 했지만 주어진 과정을 성실히 마쳤고 좋은 성적으로 졸업해 경영대학의 명예의 전당(Honor Society)인 베타감마식마(ΒΓΣ)에도 들어갔다.

그 후 칼빈신학교(Calvin Theological Seminary)에서 교회정치행정으로 신학석사(Th.M)를 했다. 그 과정에서 장로회 정치 제도의 아름다움에 대해서 눈을 떴다. 장로회 정치 제도가 사도적 전통을 가진 것일 뿐 아니라 개혁신학의 소중한 유산이라는 것을 알게 되었다. 장로회 정치 제도에 대해서 더 깊이 공부할 기회를 찾던 나는 트리니티 복음주의 신학교(Trinity Evangelical Divinity School)에서 역사신학으로 박사학위(Ph.D)를 하면서 장로교 정치 제도의 뿌리라고 말할 수 있는 16세기 종교개혁자 칼빈의 제네바교회 헌법에 대해서 공부했다.

한국 떠나 미국 유학길에 올랐던 것이 2000년 봄이었는데 테네시 주에서 켄터키 주를 넘나들며 유학생 목회를 하면서 MBA를 하느라 신학 공부가 늦어져서 트리니티에 박사과정 입학한 것이 2006년 가을이었다. 박사과정 코스웍을 만 3년 만에 겨우 마치고 종합 시험을 통과했을 때 한국에 계신 아버지께서 갑작스럽게 소천하셨고 그래서 박사학위 논문을 남겨둔 채 2010년 3월 한국에 와서 선친의 뒤를 이어 담임목회를 하게 되었다. 담임목회를 하며 우여곡절 끝에 2016년 12월에 박사학위를 받았다.

박사학위를 마친지 7년의 세월이 흐르는 동안 마지막 학위를 역사신학으로 했다는 이유로 여러 신학교에서 교회사 강의들을 주로 해 왔다. 마지막 박사학위에서만 역사신학을 전공했기 때문에 사실 역사신학을 가르친다는 것은 내게 쉬운 일이 아니었다. 더구나 익숙한 초대교회사, 중세교회사, 종교개혁사 이런 과목들 보다는 한국교회사, 복음주의의 역사, 세계부흥운동사, 청교도신학, 경건주의와 신앙각성운동 등 변두리 선택 과목들을 맡아 강의해야 했기에 강의를 맡을 때 마다 공부하며 가르치는 새로움이 있었다.

그러다가 작년부터 총신대 신학대학원에서 교회정치행정 과목을 맡아 장로교 헌법을 가르치게 되었다. 먼 길을 돌아 내 스페셜티에 맞는 강의를 하게 된 것이다. 2년간 정말 즐겁게 강의했다. 그동안 강의하면서 정리했던 것들을 조금 다듬어서 졸고를 내어 놓게 되었다.

이 책은 그동안 가지고 있던 안타까움을 담은 책이라고 해도 과언이 아니다. 칼빈주의를 이야기하는 사람들 가운데 개혁주의 신학을 이야기하고 강조하는 사람들은 많이 있다. 그런데 장로회 정치 제도가 칼빈주의의 소중한 유산이라는 것을 알고 있는 사람은 별로 없다. 개혁주의 신학을 바르게 세우고 보존하자고 말하는 사람은 많이 있어도 장로교 정치 제도를 바르게 세우고 지켜나가자고 목소리를 내는 사람은 거의 없다.

많은 사람들이 장로회 정치 제도를 여러 교회정치 제도의 하나쯤으로 생각한다. 장로교 목사님들 가운데도 장로회 정치 제도가 성경에서 유래한 아름다운 제도라는 것을 인지하지 못해서 그 소중함을 알지 못하고 장로교 목사로서 자부심을 갖지 못하고 감리교를 부러워하고 침례교를 부러워하며 살아가는 분들도 더러 있다. 참 안타까운 일이다.

장로교 제도는 성경적인 원리에서 만들어진 제도이고 사도들이 교회의 시작과 함께 행했던 제도이다. 중세 로마교회가 버렸던 것을 종교개혁자 칼빈이 다시 재정비해서 제네바교회에서 사용했고 그것을 개혁주의 신학을 물려받은 교회들이 채용하여 사용하여 온 제도이다. 장로회 정치 제도는 개혁주의 신학을 소중히 여기는 것만큼이나 우리가 소중히 여겨야할 사도적 유산이고 칼빈주의 개혁교회의 유산임을 기억하면 좋겠다.

사실, 이것이 내가 출판한 첫 책이 될 줄은 꿈에도 몰랐다. 박사학위를 마쳤을 때, 박사학위 논문을 번역해서 책으로 내려고 했었다. 번역을 거의 다 했는데 목회 일정과 다른 강의 일정들과 내가 맡은 일들의 우선순위에 밀려 번역과 편집을 마무리 하지 못하고 멈췄다. 한참을 멈춰 있다 보니 다시 편집 작업을 하기가 쉽지 않다. 어디서부터 손을 대야 할지도 잘 모르겠다. 그동안 (계간)성경과 고고학에 연재했던 한국교회사 글들도 엮으면 쉽게 책 한권이 될 수 있을 텐데 저지르지 못했고, 3년 전에 이스라엘 여행하고 7차례 연재했던 여행기도 500여 페이지 분양의 원고가 있지만 책으로 내려던 마지막 단계에서 개인적인 아픈 사건으로 멈추어 버리고 말았었다.

담임목회를 하면서 성경책별 연속강해를 하면서 작성해 놓은 설교문들도 컴퓨터 안에 들어 있지만 그 흔한 설교집 한 권도 출판하지 못했다. 목회하면서 어쩌면 제일 심열을 기울였던 매일 새벽 말씀 묵상을 A4 한 쪽으로 정리해 성도들과 나누었던 것도 1,300여 개가 쌓여 있지만 책으로는 내지 못했다. 그런데 강의 자료로 사용하기 위한 필요 때문에 이 책을 급하게 내게 되었다. 급하게 내는 만큼 부족한 면이 많이 보인다. 지금까지 내 성격 같으면 또 재고 따지고 보완하고 하느라고 책을 내지 못했을 것이다. 하지만 책을 내도록 격려해주시고 자극을 주신 도서출판 솔로몬의 대표 박영호 장로님 덕분에 용기를 내게 되었다. 감사드린다. 이 책은 출판과 동시에 계속 교정과 보완이 들어가게 될 것이고 다음 번 출판은 2쇄가 아니라 개정판이 될 것이다. 그리고 이 책을 시작으로 그동안 미루었던 다른 책의 출판 작업도 용기를 내보려고 한다. 여러분들의 격려와 응원을 부탁드린다.

끝으로 유학생활 기간 동안도 늘 곁에서 힘이 되어준 아내 최진미 사모에게 특별한 감사를 전한다. 갑작스럽게 한국행을 결정하고 조그만 교회를 담임하면서 사례도 넉넉하게 받지 못해서 생활과 아이들 학비를 위해서 일하면서도 늘 부족한 남편을 격려해준 아내다. 미국에 있었으면 훨씬 좋았을 텐데 한국에 와서 부족한 한국말로 중고등학교를 다니면서도 잘 자라준 두 딸 예림이와 예나, 그리고 막내 아들 예원이에게도 고마움과 사랑을 전한다.

2023년 9월 3일
제기동교회 공부방에서

| 차 례 |

추천의 글
저자 서문

1. 들어가는 말   13

2. 장로 제도에 대한 성경적 기원   16

    1) 장로 제도의 구약적 기원
    2) 장로 제도의 신약적 기원

3. 존 칼빈의 제네바교회 법령   23

    1) 16세기 종교개혁과 존 칼빈
    2) 제네바교회 법령과 4가지 항존직
    3) 제네바교회 법령의 영향

4. 스코틀랜드 교회 법령   45

    1) 스코틀랜드의 종교개혁가 존 낙스
    2) 스코틀랜드 제1치리서
    3) 스코틀랜드 종교개혁의 위기
    4) 스코틀랜드 제2치리서

5. 웨스트민스터 헌법   65

    1) 잉글랜드의 종교개혁
    2) 웨스트민스터 총회(Westminster Assembly)

6. 미국 장로교회의 설립　　　　　　　　　　　　　82

　　1) 웨스트민스터 총회 이전의 아메리카 식민지 개척
　　2) 웨스트민스터 총회 이후의 청교도들의 이민
　　3) 미국 장로교 총회와 웨스트민스터

7. 한국 장로교회의 헌법　　　　　　　　　　　　　92
8. 나가는 말　　　　　　　　　　　　　　　　　　95

부록　　　　　　　　　　　　　　　　　　　　　　99
교회법에 대한 루터의 신학과 비텐베르크 교회에서 적용

참고문헌　　　　　　　　　　　　　　　　　　　135

1. 들어가는 말

오늘날, 기독교 안에는 많은 교단들이 있다. 이 교단들은 자신들만의 독자적인 교회법을 가지고 있고 그것에 의한 교회정치 시스템을 운영하고 있다. 대한예수교장로회총회 역시 장로교 고유의 교회법을 가지고 있다. 그리고 그것을 "헌법"(憲法)이라고 부른다. "헌법"이라고 하면 보통 사람들은 국가의 기본법만을 생각한다. 하지만 교회의 기본법 역시도 "헌법"이라고 부른다.

"헌법"이라는 용어는 어떤 조직이 가지는 여러 법들 가운데서 가장 근본적인 원칙을 규정한 최고 권위를 가지는 법을 의미한다. 특별히 한 조직의 헌법 안에는 그 조직의 통치 형태를 규정하는 조항들이 포함되어 있다. 따라서 국가 조직에서도 헌법은 국가의 여러 법들 가운데서도 가장 기본법으로써 국가의 존립 목적을 규정하고 또 그 존립을 위해 필수적인 국가 통치 형태의 기본적인 조직의 구성과 정치 형태, 그리고 국민들의 기본권과 의무 등을 규정한다. 마찬가지로 장로교회 헌법 역시도 장로교회의 존립 목적과 장로교회의 정치의 원리 및 형태를 규정하고 그 조직을 구성하고 운영하는 데 필요한 것들을 규정한다.

　오늘날 대한민국 안에는 "대한예수교장로회총회"라는 이름을 쓰는 장로교 교단들이 200개가 훌쩍 넘는다. 그리고 이 모든 교단들은 자신들의 고유한 교단 헌법을 가지고 있다. 하지만 대한민국 안에 있는 대다수의 장로교 교단들은 장로교 교단의 분열에 의해서 생겨났기 때문에 결국 그 뿌리는 같다. 그러다 보니 분열 이후 교단 헌법 역시도 분열되기 이전 교단 헌법에 기초하고 있어 대부분의 장로교단 헌법이 큰 차이 없이 대동소이한 경우가 많다. 그래서 어느 한 장로교 교단의 헌법을 이해하면 다른 장로교 교단의 헌법을 이해하는 것은 크게 어렵지 않다.

　그렇다면 대한예수교장로회총회의 헌법은 어디에서 온 것일까? 장로교 교인이라면, 더구나 장로교 교회에서 사역하는 목회자나 장로와 같은 중직자라면 장로교 정치 제도와 헌법의 기원과 역사적인 배경에 대해서 아는 것이 필요하다. 앞에서도 잠깐 이야기한 것처럼 오늘날 대한예수교장로회총회를 비롯해서 전 세계 장로교회의 헌법은 잉글랜드의 웨스트민스터 총회(1643-49) 헌법에 기초한다. 그리고 웨스트민스터 총회는 장로교 정치 제도를 만들 때 16세기 종교개혁자 존 칼빈(John Calvin, 1509-1564)이 만든 제네바교회 법령을 근간으로 만들었다. 물론, 웨스트민스터 총회는 스코틀랜드 장로교회의 제1치리서와 제2치리서의 영향도 많이 받았다. 하지만 스코틀랜드 장로교회의 제1치리서와 제2치리서 역시 칼빈의 제네바교회 법령의 영향을 받은 것이기 때문에 오늘날 장로교 헌법의 원류가 무엇이냐고 묻는다면 필자는 주저 없이 칼빈의 제네바교회 법령에 있다고 말한다. 오늘날 개혁주의 신학을 표방하는 장로교회가 신학적으로도 칼빈의 신학을 따를 뿐 아니라 교회를 조직하고 운영하는 교회 정치 형태 역시도 칼빈의 제네바교회 법령을 충실히 따르고 있는 것이다.

그러나 오늘날 많은 장로교 교인들, 심지어는 장로교 목회자들 가운데도 장로교가 무엇인지 잘 알지 못하고 방황한다. 그러다보니 자신이 속한 장로교에 대한 자부심도 없고 장로교 목회자로서 정체성을 잃어버린 채 목회를 하고 있다. 예를 들어, 민주주의라는 이름을 빙자하여 침례교식 회중정치를 따라가는 목사들도 있고, 장로교 제도를 무시하고 담임목사가 마치 감독권을 가진 것처럼 교회 안에서 전권을 행사하려는 목사들도 있다. 이렇게 왜곡된 목회를 하는 것은 장로교 제도와 헌법 원리를 이해하지 못해서 생기는 일이다. 그런 의미에서 장로교 제도와 헌법의 기원과 역사적인 배경에 대해서 이해하는 것은 장로교 목회자로서 목회 현장에서 매우 중요하다. 장로교 목사로서 자신이 담임한 교회를 장로교회답게 목회를 해 나가려면 장로교 헌법을 해석하고 운용하는 능력은 필수적이다.

장로교 제도와 헌법의 기원과 역사적인 배경을 이해하는 것은 일반 성도들에게도 장로교 교인으로서 자신의 신앙의 정체성을 각인 시켜주고 장로교 교인으로서 자부심을 가지고 신앙 생활하는 좋은 기회가 될 것이다. 이 책이 많은 장로교 목사들과 사역자들 그리고 더 나아가서 일반 성도들에게까지 널리 읽혀서 장로교 교인으로서의 정체성을 회복하고 그리하여 한국장로교회가 장로교 본연의 모습으로 바로 세워지는데 작은 도움이 되기를 간절히 소원한다.

2. 장로 제도에 대한 성경적 기원

장로회 제도는 성경적인 원리에 입각한 제도다. 대한예수교장로회총회(합동) 헌법 총론에서도 장로교 제도는 "모세와 사도행전 때 일찍 있던 성경적 제도"[1]라고 분명히 말하고 있다. 그렇다면 왜 장로교 제도가 성경적인 제도인지 살펴보자.

1) 장로 제도의 구약적 기원

장로제도는 고대 근동 지역에서 통치 수단의 일반적인 형태였다. 통치자가 인생의 경험이 많은 나이든 사람들을 참모로 삼아서 도움을 받는 것이 고대 장로 제도의 일반적인 형태였다. 성경에 보면, 요셉 시대 이집트(애굽)에도 장로 제도가 있었던 것을 알 수 있다.

> 요셉이 자기 아비를 장사하러 올라가니 바로의 모든 신하와 바로 궁의 장로들(זָקֵן)과 애굽 땅의 모든 장로(זָקֵן)와 (개역한글, 창 50:7)[2]

이스라엘에도 장로 제도가 있었다. 하나님께서 모세에게 이스라엘 백성을 이집트(애굽)에서 인도해서 가나안 땅으로 가라고 하실 때도 가서 이스라엘 각 지파의 장로들을 모으고 그들에게 말하라고 말씀하셨다.

---

1 대한예수교장로회총회, 『헌법』 (대한예수교장로회총회 출판부, 2021) 148.
2 개역개정에서는 "원로"라고 번역했지만 히브리어 "자켄"(זָקֵן)은 일반적으로 "장로"로 번역된다.

> 너는 가서 이스라엘의 장로들(זְקֵנִים)을 모으고 그들에게 이르기를 여호와 너희 조상의 하나님 곧 아브라함과 이삭과 야곱의 하나님이 내게 나타나 이르시되 내가 너희를 돌보아 너희가 애굽에서 당한 일을 확실히 보았노라 (출 3:16)

각 지파의 장로들은 백성의 대표들로서 모세와 대면해서 말했고 모세의 말을 백성들에게 전달하는 역할을 했다. 이렇게 하나님의 사람 모세가 각 지파의 장로들과 협업한 것을 장로 제도의 구약적인 근거가 된다.

또 모세가 자신의 장인 이드로의 조언을 따라서 이스라엘 백성들 가운데서 능력 있는 사람들을 택하여 천부장, 백부장, 오십부장, 그리고 십부장을 삼았다.

> 모세가 이스라엘 무리 중에서 능력 있는 사람들을 택하여 그들을 백성의 우두머리 곧 천부장과 백부장과 오십부장과 십부장을 삼으매 (출 18:25)

이렇게 백성의 대표들을 뽑아서 리더십을 부여한 것을 교인들 가운데서 능력 있는 사람을 장로로 뽑아 교인들을 대표하고 이끌게 하는 장로 제도의 원형으로 볼 수 있다. 물론, 구약의 이스라엘 12 지파의 장로들이나 천부장, 백부장, 오십부장, 십부장을 뽑아 리더십을 부여한 것을 신약 교회와 오늘날 장로제도의 근거로 직접 연관시켜 말하기는 어렵다. 하지만 하나님께서는 분명히 구약 시대에 장로 제도라는 틀을 통해서 하나님의 백성들을 다스리셨던 것은 틀림없다.

2) 장로 제도의 신약적 기원

구약의 이스라엘 백성의 장로 제도는 예수님 당시 유대 사회까지 명맥이 이어지고 있었다. 대제사장들과 함께 백성의 장로들이 이스라엘 백성을 이끄는 중요한 역할을 했던 것을 우리는 복음서를 통해서 볼 수 있다. 예수님의 제자들은 모두 유대인들이었기 때문에 당시 유대 사회의 장로제도에 매우 익숙한 사람들이었다. 그래서 예수님이 승천하신 이후에 그들이 교회를 조직하고 교회 안에 리더십을 세울 때 유대 사회 속에 자리 잡은 장로 제도를 벤치마킹한 것은 너무나도 당연하고 자연스러운 일이었다. 그런 의미에서 우리는 신약 교회의 장로제도가 구약의 이스라엘 장로 제도와 같은 연장선상에 있는 예수님 당시 유대 사회의 장로 제도와 일맥상통하는 요소들이 있음을 결코 부인할 수는 없다.

교회 마다 장로를 세웠던 것은 사도행전에 나오는 사도 바울의 행적을 통해서 좀 더 구체적으로 확인할 수 있다. 사도 바울은 루스드라, 이고니온, 비시디아 안디옥 등에서 전도하고 그곳을 떠날 때 각 지역에서 장로들을 택하여 리더십을 이양했다. 그리고 디도에게도 그레데 섬의 각 성에서 장로들을 세우라고 명령했다.

> 각 교회에서 장로들을 택하여 금식 기도 하며 그들이 믿는 주께 그들을 위탁하고 (행 14:23)

> 내가 너를 그레데에 남겨 둔 이유는 남은 일을 정리하고 내가 명한 대로 각 성에 장로들을 세우게 하려 함이니 (딛 1:5)

당시 새로 세워진 교회들은 설교를 할 수 있는 목사를 구하기 어려웠다. 그래서 각 교회마다 장로들을 세웠다. 당시 장로들은 유대교의 회당장과 비슷한 역할을 했다. 복음서에 보면, 예수님이 안식일에 회당에 가셨을 때 선지자들의 글을 읽고 강론하셨던 장면이 나온다. 또 사도행전에도 사도 바울이 가는 곳마다 회당을 찾아서 강론하며 예수님을 전했던 모습을 볼 수 있다. 예수님이나 사도 바울이 회당에서 강론할 수 있었던 것은 회당장의 허락을 받았기 때문이다. 마찬가지로 초대교회의 장로들은 순회 설교가가 마을에 나타났을 때 그 사람이 설교에 적합한 사람인지 판단해서 교회 앞에 세우기도 하고 설교자가 없을 때는 구약 선지자들의 글이나 사도들의 서신을 낭독하게 함으로써 예배의 전체적인 것을 감독했다.

오늘날 우리가 일반적으로 장로라고 말할 때는 다스리는 장로인 치리 장로를 의미하지만 장로 교회라고 할 때는 장로라는 단어는 더 넓은 의미를 갖는다. 가르치는 장로인 목사까지도 포함하는 용어다. 그렇기 때문에 장로회 제도는 단순히 교인들 가운데서 장로(치리 장로)를 뽑는 제도가 아니다. 목사 장로와 치리 장로를 포함하여 모든 장로들(presbyters)이 교회의 중요한 문제들을 놓고 대등한 자격으로 토론하고 결정하는 제도가 장로회 제도다. 장로회는 각 교회의 당회, 노회, 총회 등 장로들(presbyters)로 구성된 치리회를 일컫는 말이다. 교회의 중요한 문제들이 장로회라는 회의체를 통하여 결정되기 때문에 장로회 제도라고 부르는 것이다.

오늘날 장로회 제도 안에서 장로는 목사 장로와 치리 장로의 두 반이 있다.[3] 목사 장로는 하나님의 말씀을 설교하고 가르치는 면에서 권위와 위엄이 더 있지만 교회의 문제를 장로회 안에서 토론하고 투표하는 데 있어서는 치리 장로와 대등한 자격을 갖는다. 오늘날 노회와 같은 장로회의 모습을 우리는 신약 성경 안에서 찾아볼 수 있다.

사도 바울이 디모데에게 보내는 첫 번째 편지에서 디모데가 "장로의 회"에서 안수 받았음을 분명하게 이야기했다. 오늘날 노회와 같은 장로들의 회의체가 있어서 그 회의체를 통해서 목사 안수를 주었던 것을 알 수 있다.

> 네 속에 있는 은사 곧 장로의 회에서 안수 받을 때에 예언을 통하여 받은 것을 가볍게 여기지 말며 (딤전 4:14)

신약시대 장로라는 명칭은 다양하게 사용된다. 넓게는 다스리는 장로인 치리장로 뿐만 아니라 사도와 목사들까지도 포함해서 교회의 의사결정을 할 수 있는 리더십을 가진 사람들을 전체적으로 부르는 말로 쓰였다. 당시에 사도들(ἀπόστολοι)이 있었고 목사들(ποιμένες, 엡 4:11)과 다스리는 장로들(προεστῶτες πρεσβύτεροι, 딤전 5:17)이 있었다. 사도들은 분명히 일반 목사나 장로들보다 사도로서 엄청난 권위와 능력을 가지고 있었고 성도들의 존경을 받았다. 하지만 장로회 안에서는 사도적인 권위를 발동하지 않고 장로(presbyter)의 한 사람으로서 참여했다. 실제로 사도 요한은 자신이 사도임에도 불구하고 자신을 "장로"(πρεσβύτερος, presbyter)라고

---

3 대한예수교장로회총회, 『헌법』, 제3장, 제2조. 152.

불렀다.

> 장로인 나는 택하심을 받은 부녀와 그의 자녀들에게 편지하노니… (요이 1:1a)

> 장로인 나는 사랑하는 가이오 곧 내가 참으로 사랑하는 자에게 편지하노라 (요삼 1:1)

사도행전 15장에 나오는 예루살렘 회의는 전형적인 장로회의다. 오늘날 노회라고 생각할 수 있다. 예루살렘교회 장로회의가 열리게 된 것은 안디옥교회에서 발생한 문제 때문이었다. 유대로부터 내려온 어떤 사람들이 율법을 지키고 율법대로 할례를 받아야만 구원을 받을 수 있다고 가르쳤고 그것이 교회를 혼란하게 만들었다.

> 어떤 사람들이 유대로부터 내려와서 형제들을 가르치되 너희가 모세의 법대로 할례를 받지 아니하면 능히 구원을 받지 못하리라 하니 (행 15:1)

이 문제를 해결하기 위해서 예루살렘에서 장로회의, 오늘날의 노회(또는 총회)가 열린 것이다. 어떤 사람들은 안디옥교회가 문제가 생기니 이 문제를 모교회인 예루살렘교회에 문의를 해서 예루살렘교회에서 사도들과 예루살렘교회의 장로들이 이 문제를 해결하기 위해서 모였다고 생각한다. 하지만 그렇지 않다. 모 교회에 문의를 한 것이 아니라 오늘날 노회에 해당하는 장로 회의가 소집된 것이다.

안디옥교회에서는 바울과 바나바와 그 외 몇 사람의 장로들이 참석했다(행15:2). 예루살렘교회 장로들도 참석했다. 그리고 사도들도 장로의 자격으로 참석했다. 성경에는 구체적으로 나오지 않지만 다른 교회의 장로들도 참석했을 것이다. 만약 이 회의가 장로회의가 아니었다면 사도들이 사도적인 권위로 말하면 다른 장로들은 입을 다물고 더 이상 말을 할 수 없었을 것이다. 하지만 장로회의였기 때문에 사도들도 사도적 권위를 발동하지 않고 장로의 한 사람으로서 자신들의 의견을 이야기했고 다른 장로들도 자유롭게 토론할 수 있었다.

바리새파에 속했던 한 장로는 이방인들도 할례를 받고 율법을 지키라 명하는 것이 옳다고 자기 의견을 피력했다(행15:5). 그 외에도 많은 다양한 의견들이 나왔다. 많은 변론이 있은 후에 베드로가 이방인들에게 유대인들도 제대로 지키지 못하는 율법의 의무를 지우는 것은 옳지 않다는 의견을 내 놓았다.

만약 베드로가 사도적 권위로 그렇게 말했다면 그것으로 회의는 종결되었을 것이다. 하지만 베드로가 발언한 이후에 예루살렘교회의 장로인 야고보가 결정적인 발언을 했다. 이방인들에게 율법을 다 지키라고 하는 것은 옳지 않지만 우상 숭배와 음행을 금하게 하고 유대인들이 혐오하는 동물을 잡아 피 채로 먹는 것은 유대인 형제들을 위해서 금해달라고 요청하자고 제안했다. 모든 사람들이 그것을 좋게 여겨서 야고보의 의견에 찬성했다.

> 그러므로 내 의견에는 이방인 중에서 하나님께로 돌아오는 자들을 괴롭게 하지 말고 다만 우상의 더러운 것과 음행과 목매어 죽인 것과 피

를 멀리하라고 편지하는 것이 옳으니 (행 15:19-20)

만약, 이 회의가 안디옥교회에 발생한 문제를 예루살렘교회가 모교회로서 자문을 한 것이라고 한다면 이 회의의 결정 사항은 안디옥교회에만 국한 되어야 할 것이다. 하지만 이후에 사도 바울은 이 회의에서 결정된 것을 다른 지역을 순회하면서 전달하기 위해 많은 노력을 기울였다.

여러 성으로 다녀 갈 때에 예루살렘에 있는 사도와 장로들이 작정한 규례를 그들에게 주어 지키게 하니 (행 16:4)

이것이 이 회의가 단순히 안디옥교회가 자문한 것을 대답해 주기 위한 회의가 아니라 모든 교회가 따라야 할 것을 결정하는 장로 회의였음을 알 수 있는 대목이다.

3. 존 칼빈의 제네바교회 법령

16세기 종교개혁자 존 칼빈이 1541년 제네바교회를 위해 만든 교회법이 오늘날 모든 장로교회와 개혁교회의 정치 제도의 근간이 되었다. 칼빈의 교회론은 "기독교강요" 제4권을 보면 잘 드러나 있다. 칼빈은 그런 자신의 교회론에 기초해서 1541년 제네바교회 법령을 만들었다. 하지만 제네바교회 법령이 만들어지기까지, 또 그것이 제네바교회 안에서 자리 잡고 제도화되기까지는 많은 우여곡절이 있었다.

1) 16세기 종교개혁과 존 칼빈

(1) 16세기 종교개혁과 교회법

종교개혁 이전 서방의 모든 교회는 로마교회 법령의 지배를 받았다. 하지만 16세기 종교개혁으로 유럽 각처에 생겨난 많은 개혁교회들은 더 이상 로마교회의 법령을 따르지 않았다. 새로 생겨난 개혁교회들은 교회법이 없는 상태로는 계속 교회를 유지하거나 발전시켜 나갈 수가 없었다. 그래서 종교개혁을 주도했던 많은 종교개혁자들이 로마교회와 결별한 후 자신들의 신학적 특성과 자신들이 있는 각 나라의 정치적, 사회적, 문화적 환경에 맞추어서 새로운 교회법들을 만들었다. 대표적인 몇 가지 예를 들어보면, 츠빙글리의 취리히 교회 법령(Order of the Church of Zurich, 1525), 마틴 부처의 스트라스부르크 교회 법령(the Strasbourg Church Ordinance, 1534), 그리고 존 칼빈의 제네바교회 법령(the Ecclesiastical Ordinances, 1541) 등이 있다. 그 가운데 존 칼빈의 제네바교회 법령은 그의 신학이 오늘날 전 세계 교회에 큰 영향을 미치고 있는 것 못지않은 큰 영향을 주고 있다.

(2) 신학자요 법학도로서 칼빈

칼빈은 프랑스 노용 출신이다. 그는 14살 때부터 파리의 여러 대학을 거치면서 신학과 법학을 공부했다. 칼빈의 처음 공부는 신학을 위한 것이었다. 칼빈이 신학 공부를 위해서 필요한 선수 과목들(수사학, 논리학, 문화, 언어, 자연과학 등)을 마쳤을 무렵 그의 아버지는 그에게 법학으로 전공을 바꿀 것을 요구했다.4 아버지의 뜻에 따라 법학으로 전공을 바꾼 칼빈은 시민법뿐만 아니라 교회법도 함께 공부했다. 르네상스 이전의 법학 공부는 당대 유명한 법 해석가들의 해석을 그대로 암기하고 맹목적으로 따르는 형태였다. 하지만 당시 유행하는 인문주의적인 학풍아래서 법학 공부는 법전을 직접 읽고 그것을 스스로 해석하게 했다.

칼빈은 법학 공부 외에도 당시 대학가에 번지는 마틴 루터(Martin Luther)와 필립 멜랑흐톤(Philip Melanchthon)의 글들을 접하고 읽었다. 그러면서 종교개혁 사상을 서서히 받아들이게 되었다. 당시 기독교인문주의자들의 학풍은 로마교회나 교황의 성경해석을 맹목적으로 받아들이는 것이 아니라 성경 원문을 직접 읽고 그 의미를 스스로 찾는 것이었다. 이런 기독교인문주의자들의 학풍을 따라서 칼빈도 히브리어와 헬라어를 배워 성경을 원어로 직접 읽었다. 그러면서 칼빈은 분명한 성경에 담겨 있는 종교개혁 신앙에 대한 확신을 가지게 되었다.

1536년 칼빈은 "기독교 강요"(基督敎綱要, Institutes of the Christian Religion) 초판을 27세의 나이에 출판함으로써 종교개혁 진영 안에서 자신도 모르는 사이에 유명인사가 되었다. "기독교 강요"의 출판으로 칼빈은 당대 최고의 성경학자이자 동시에 신학자가 되었다. 하지만 칼빈은 성경만큼이나 법에 대해서도 많은 훈련을 받은 사람이었다.5 그가 젊은 시절 받은 법에 대한 교육과 훈련은 그가 종교개혁 이후 혼란에 빠진 교회를 위해서

---

4 Alister E. McGrath, *A Life of John Calvin: A Stuudy in the Shaping of Western Culture* (Cambridge, MA: Basil Blackwell, 1990), 32.

5 Robert M. Kingdon, "John Calvin's Contribution," in *Politics and Culture in Early Modern Europe: Essay in Honor of H. G. Koenigsberger*, edited by Phyllis Mack and Margaret C. Jacob (Cambridge: Cambridge University, 1987), 184.

교회법의 기틀을 세울 수 있도록 그를 준비시키는 역할을 톡톡히 했다.

(3) 제네바의 종교개혁

사실, 제네바의 종교개혁은 칼빈이 제네바에 도착하기 전에 칼빈과는 무관하게 시작되었다. 종교개혁을 받아들이기 전 제네바는 정치적으로 새보이 공국(Duchy of Savoy)의 지배 아래 있으면서 새보이의 공작(Duke of Savoy)이 파견한 총독(vidomne)의 통치를 받았다. 종교적으로 제네바는 로마교회의 감독 좌가 있는 도시였고 제네바의 감독은 "제네바의 제후(Prince of Geneva)"라는 이름을 가지고 막강한 권력을 누렸다. 또한 제네바가 상업 도시로 성장하면서 도시 안에는 시민 세력이 자라났고 선출된 시민 대표들은 정치적인 힘을 갖게 되었다. 따라서 제네바는 13세기 말부터, 감독(bishop), 총독(vidomne) 그리고 시민 대표라는 세 부류의 정치 세력이 공존하며 힘을 겨루는 상태였다.

칼빈이 제네바에 도착하기 직전, 제네바는 종교적으로 로마교회와 결별하고 프로테스탄트 도시가 되었음을 선포했다. 1536년 5월 21일의 일이었다. 종교적 독립을 이룬지 두 달 여 만인 8월 7일에는 새보이로부터 정치적 독립을 쟁취했다. 따라서 로마교회의 감독과 새보이에서 파견한 총독은 제네바 시에서 쫓겨났고 제네바 시민들이 투표로 뽑은 시민 대표들이 도시를 다스리고 있었다. 4명의 최고 행정관들(syndics)이 있었고 소위원회[6], 60인 위원회, 200인 위원회로 불리는 3단계의 대표자 회의체가 있어서 중요한 일들을 결정했다. 1년에 한 번씩 모든 시민권자들

---

[6] 4명의 행정관과 20명의 원로로 구성되었다. 스캇 마네치, 『칼빈의 제네바 목사회의 활동과 역사』(부흥과개혁사, 2019), 38.

의 총회를 열고 여기서 시민 대표들을 뽑았다.[7]

종교적 정치적 독립 과정에서 제네바는 베른의 도움을 많이 받았다. 그리고 제네바보다 먼저 종교개혁을 받아들인 베른은 제네바에 많은 설교자들을 보냄으로써 제네바의 종교개혁에 촉매제를 계속 공급했다. 그 중에 한 사람이 기욤 파렐(Guillaume Farel)이다. 파렐은 프랑스 남부의 도피네 출신으로[8] 박해를 피해 바젤, 스트라스부르크 등을 떠돌다가 베른에 정착해서 사역했다. 그리고 1532년 제네바로 들어가 종교개혁 사상을 전파하는 설교자가 되었고 제네바 종교개혁을 이야기할 때 빼놓을 수 없는 인물이 되었다.[9]

(4) 제네바에서 칼빈의 첫 사역(1536-1538)

칼빈이 제네바를 방문한 때는 제네바가 정치적으로 종교적으로 독립한 해인 1536년이다. 프랑스에서 종교개혁에 대한 박해를 피해 스트라스부르크로 가려고 했지만 전쟁으로 길이 막혀 제네바를 경유했던 것이 그의 운명을 바꿔놓았다. 프랑스를 떠나면서 칼빈이 원했던 것은 종교개혁이 이미 자리잡은 스트라스부르크에 정착해서 자유롭게 신앙생활을 하면서 신학적인 저술 활동을 하는 것이었다.[10] 하지만 스트라스부르크로 가는 여정 가운데 잠시 경유했던 제네바에서 그는 발목이 잡혔다.

제네바의 종교개혁자 파렐은 "기독교강요"의 저자인 칼빈이 제네바

---

[7] Williston Walker, *John Calvin: The Organizer of Reformed Protestantism*. (Eugene, OR: Wipf and Stock, 2004), 160.
[8] 권현익, 『기욤 파렐과 종교개혁』 (크리스천르네상스, 2021), 31-32.
[9] 권현익, 『기욤 파렐과 종교개혁』 530.
[10] 안인섭, 『칼빈: 하나님의 영광을 위한 열정의 사람』 (익투스, 2015), 99.

에 왔다는 것을 알고 단숨에 그를 찾아갔다. 그리고 제네바에 남아 줄 것을 강력하게 권했다. 이제 막 시작된 제네바의 종교개혁에 칼빈과 같은 인물이 필요하다고 설득했다. 결국 칼빈은 1539년 9월 5일 제네바의 생 피에르(St. Pierre) 교회에서 성경 교사 겸 목사가 되어 바울서신 강의를 시작으로 사역을 시작했다. 칼빈이 이듬해 2월까지 5개월 동안 정상적인 사례조차 받지 못하면서도 그 일을 감당했던 것을 보면, 단순히 파렐의 초청을 받아들인 것이 아니라 하나님의 부르심을 확신했던 것이 틀림없다.[11]

칼빈의 공식적인 포지션은 성경을 강해하고 가르치고 설교하는 목사요 교사였다. 하지만 칼빈은 제네바 사역 시작부터 제네바교회를 독립된 조직체로 만드는 일에 큰 관심을 가졌다. 종교개혁이 확정되기는 했지만 제네바는 여전히 종교적으로 혼란기를 겪고 있었다. 종교개혁자들과 로마교회 추종자들 사이에 격렬한 신학 논쟁이 계속되고 있었다. 제네바교회 안에는 제대로 된 리더십이 세워져 있지 않았다. 성도들의 신앙 상태를 살피고 돌보는 목양이나 권징의 형태는 전혀 찾아 볼 수 없었다. 로마교회 사제들은 모두 도시에서 쫓겨났고 로마교회 법이나 예식을 대치할 교회 법령이나 예식도 없었다. 말 그대로 제네바교회는 공백 상태였다.[12] 설교와 성례만 근근이 이루어지고 있었다. 이것들 또한 시의회와 당국자들이 주관하고 있었다. 시민들의 도덕적인 기준도 매우 낮은 상태였다. 그래서 교회의 권위를 세우고 교회의 권위를 가지고 도덕적으로 또 신앙적으로 잘못한 사람들을 권징 할 수 있는 교회법이 필요한 상태였다.

칼빈은 교회 문제에 대해서는 시의회와 당국자들의 권한을 최대한

---

11 안인섭, 『칼빈: 하나님의 영광을 위한 열정의 사람』, 93.
12 스캇 마네치, 『칼빈의 제네바 목사회의 활동과 역사』, 46.

축소하고 교회를 독립된 기관으로 세우려고 했다. 설교나 교리 교육은 물론이고 종교적 도덕적인 모든 문제에 대해서 외부의 어떤 제약이나 간섭도 없이 교회가 직접 성도들을 권징하고 다스릴 수 있는 법과 제도를 만들려고 했다. 하지만 시의회와 당국자들은 교회를 독립된 기관으로 전혀 인정하려 하지 않았다. 시의회와 당국자들은 목사를 단순한 설교자로만 보았다.[13] 하지만 칼빈은 목사의 역할이 단순한 설교자로서만 그쳐서는 안 된다고 생각했다. 교회 안의 모든 문제를 관장하는 총 책임자요 지도자가 되어야 한다고 생각했다. 그래서 칼빈은 시의회와 당국자들과 갈등을 겪을 수밖에 없었다.

1537년 1월, 칼빈은 파렐과 함께 교회의 조직과 예배의 구성에 대한 건의안을 시의회에 제출했다. 칼빈은 교회의 치리권을 교회가 행사해야 하고, 목사를 비롯한 교회의 직원은 교회가 선출해 교회의 권위로 안수해 세워야 하고, 교회가 성도들의 생활을 감독해야 한다고 주장했다. 하지만 그 건의안은 시의회에 받아들여지지 않았다. 칼빈과 파렐이 자신들의 주장을 굽히지 않자 시의회와 당국자들은 그들을 제네바에서 추방했다. 그것이 1538년 4월의 일이었다. 칼빈이 제네바에 도착해 첫 사역을 시작한 것이 1536년 9월이었으니 만 2년도 채 채우지 못하고 첫 사역지에서 쫓겨난 것이다.

(5) 스트라스부르크에서의 중간기(1538-1541)

자신을 향한 하나님의 부르심이 제네바에 있다고 생각하고 제네바에

---

13 John Calvin, *Letters of John Calvin: Selected from the Bonnet Edition with an introductory biographical sketch* (Arlisle, PA: The Banner of Truth Trust, 1980), 45.

정착했던 칼빈으로서는 만 2년도 채 안되어 제네바에서 추방당한 것은 충격적인 일이었다. 제네바에서 추방당한 칼빈은 약 2년 반 동안 스트라스부르크에서 프랑스인 난민 교회를 섬겼다. 박해를 피해 스트라스부르크로 망명해 온 프랑스인들을 대상으로 목회하면서 제네바에서 추방당한 충격에서 차츰 벗어날 수 있었다. 이들레뜨 드 뷔르(Idelette de Bure)와 결혼하여 가정을 이루었던 것도 스트라스부르크에서 그가 안정적으로 정착할 수 있는 큰 힘이 되었다(1540). 그렇게 안정된 삶 속에서 칼빈은 자신의 첫 번째 성경주석인 로마서 주석을 출판했다(1540). 또 교부들의 많은 저서들을 읽고 그것을 자신의 것으로 소화하면서 자신의 주 저서인 "기독교강요"에 추가하여 증보판(2판)을 출판했다(1541). 그뿐 아니라 제네바에서 시의회에 제시했던 교회 조직과 권징을 중심으로 한 자신의 신학체계도 분명하게 세워 나갔다. 이미 마틴 부처(Martin Bucer)가 스트라스부르크교회 법령(the Strasbourg Church Ordinance, 1533)을 만들어서 시행하고 있었기 때문에 칼빈은 스트라스부르크에서 그것을 벤치마킹함으로써 교회법에 대한 자신의 생각을 더 잘 체계화 하고 정리할 수 있었다.

칼빈이 떠나고 난 후, 제네바는 교회뿐만 아니라 사회 전반이 무질서와 범죄로 걷잡을 수 없게 되었다. 그리고 정치적으로도 칼빈을 추방했던 사람들이 세력을 잃고 칼빈에 우호적인 사람들이 시의회를 이끌게 되었다. 시의회는 칼빈을 다시 불러 오는 것만이 제네바교회와 사회 전반의 혼란을 해결할 수 있는 유일한 방법이라고 결론 내렸다. 그리고 칼빈에게 돌아와 달라는 요청서를 보냈다. 칼빈은 정말 개인적인 마음으로는 제네바로 돌아가고 싶지 않았다. 마틴 부처를 비롯해서 스트라스부르크 많은 사람들이 제네바로 가지 말 것을 권유했다. 하지만 칼빈은 제네바로 돌아가는 것이 하나님의 뜻이라고 생각했기 때문에 그 부르심에 순응해서 제네바로 돌아갈 결심을 굳혔다.

이때 칼빈이 했던 유명한 말이 있다. "내 심장을 주님께 드립니다. 즉시 그리고 신실하게!"(Cor meum tibi offero domine prompte et sincere.) 그리고 칼빈은 이 내용을 그림으로 형상화 해서 자신의 인장으로 사용했다. 이것이 오늘날 필자의 모교인 미국 미시건 주에 있는 칼빈신학교(Calvin University and Calvin Theological Seminary)의 모토요 엠블럼의 시초가 되었다. 그 외에도 학생신앙운동(SFC)을 비롯한 많은 개혁주의 신앙단체에서 하트를 손에 쥐고 있는 문양을 사용하는 계기가 되었다.

칼빈이 제네바로 돌아가
처음 사용했던 인장

칼빈이 1547년부터
사용했던 인장

칼빈 신학교 엠블럼

학생신앙운동(SFC) 로고

(6) 제네바에서 두 번째 사역 (1541-1564)

1541년 9월 13일 제네바에 도착한 칼빈은 9월 26일에 제네바 시의회에 그가 작성한 교회법 초안을 상정했다.[14] 교회법을 제정하는 것은 제네바에서 다시 사역을 하기 위해서 반드시 먼저 선행되어야 할 것으로 생각하고 사활을 걸고 제출한 것이다. 시의회의 검토를 거쳐 200인 위원회의 승인(11월 9일)과 제네바 시민 총회의 결의(11월 20일)를 거친 후 1542년 1월 2일부터 실효를 갖게 되었다.

이 법령의 서문에서 칼빈은 제네바교회 안에 꼭 필요한 4가지 요소를 지적했다.[15] 첫째, 제네바교회는 오랫동안 로마교회의 잘못된 교리 아래 있었기 때문에 종교개혁 이후에도 신학적인 혼란이 발생할 가능성이 커서 거룩한 복음의 교리가 순수하게 보존되고 전해져야 한다. 둘째, 교회가 흔들림 없이 바로 세워지고 교회 안의 질서가 유지되어야 한다. 셋째, 성도들을 어릴 때부터 바른 믿음으로 잘 양육되어야 한다. 넷째, 가난한 사람들을 위해서 복지시설이 잘 관리되어야 한다. 이것을 위해서 칼빈은 제네바교회 안에 목사, 교사, 장로, 집사의 4가지 직분이 반드시 필요하다고 했다. 바른 복음과 교리를 보존하고 전하기 위해서 목사가 있어야 하고, 교회의 질서를 유지하기 위해서 장로의 직분이 있어야 하고, 성도들을 믿음으로 양육하기 위해서 교사가 필요하고, 가난한 사람들을 돕기 위해서 집사 직분이 필요했다. 이것이 오늘날 우리들이 이야기하는 교회 안에 항상 있어야 하는 항존직(恒存職)이다.

14　Williston Walker, *John Calvin*, 262.
15　John Calvin, "Ordonnances ecclésiastiques de 1541," in *L'Église de Genève*, 1535-1909, ed. Henri Heyer (Nieuwkoop: B. de Graff, 1974), 261.

그런데 사실, 많은 사람들이 항존직에 대해서 오해하고 있다. 마치 "한번 해병은 영원한 해병이다." 하는 것처럼 한번 직분을 받으면 죽을 때까지 계속 유지되는 종신직의 개념으로 항존직을 이해 있는 것이다. 하지만 항존직이라는 말은 개인의 직분이 죽을 때가지 유지된다는 의미가 절대 아니다. 항존직의 의미는 교회가 존재하는 한 교회 안에 항상 있어야 하는 직분이라는 뜻이다.

예를 들어, 전도자, 예언자, 선지자, 방언하는 자, 통역하는 자, 성가사 이런 직분들은 교회 안에 항상 있어야 할 직분이 아니다. 각 교회의 필요와 형편에 따라 둘 수도 있지만 없어도 교회의 기본 기능을 하는 데는 전혀 상관없는 직분이다. 그때그때 필요에 따라서 직분을 두기도 하고 없애기도 한다. 이런 직분은 임시직이라고 한다. 하지만 목사는 교회 안에 반드시 있어야 하는 직분이다. 어떤 개인이 한 번 목사 안수를 받으면 죽을 때까지 목사여야 한다는 것이 아니라 교회 안에는 목사의 직분을 맡은 사람이 누군가 반드시 있어야 한다는 것이 항존직의 의미다.

2) 제네바교회 법령과 4가지 항존직

교회가 하나님의 뜻에 의해 다스림을 받기 위해서는 하나님의 뜻을 담은 교회법을 가지고 있어야 한다는 것이 칼빈의 기본적인 생각이었다. 칼빈은 성경에서 교회의 조직과 예배, 그리고 직분자들의 사역과 교회 안에 있어야 하는 권징에 관한 바른 법칙을 제공한다고 이해했다.[16] 그리

---

[16] Elsie Anne McKee, "Calvin's Teaching on the Elder Illuminated by Exegetical History," in *John Calvin and the Church*, edited by Timothy George (Louisville, KY: Westminster

고 그 기본 원리는 사랑의 원리라고 생각했다. 따라서 성경의 가치를 기준으로 볼 때 절대적이지 않은 교회법은 언제든지 시대의 필요나 상황에 따라 교회에 유익을 주는 방향으로 바꿀 수 있다고 했다. 어떤 교회법은 오늘날 우리 시대에는 필요하지만 오는 세대에는 적합하지 않은 것이 될 수도 있다. 이런 이유로 교회법 또한 상황이 바뀌면 변화될 수 있다. 이렇듯 법은 달라지지만 법 안에 담긴 형제 사랑이라는 가치는 달라져서는 안 된다는 것이 칼빈의 생각이었다.[17]

칼빈의 제네바교회 정치 시스템은 당회와 4가지 교회 직분에 그 핵심이 있다.[18] 칼빈은 목사, 교사, 장로, 집사 이 네 직분이 주님께서 그의 교회를 위해서 제정하신 영원한 직분이라고 생각했다. 목사와 교사는 전문성을 가지는 직책이기 때문에 훈련된 사람들 가운데서 선출해서 오랫동안 일하도록 했지만 장로와 집사는 일반 성도들 가운데서 1년을 임기로 뽑았다.

간단하게 살펴보면, 목사의 주된 임무는 하나님의 말씀을 설교하는 것과 가르치고 권면하고 훈계하는 것, 그리고 성례를 집행하는 것이었다. 장로의 주된 임무는 성도들의 삶을 돌아보고 그들이 하나님의 말씀대로 살 수 있도록 돕는 것이었다.[19] 목사와 장로는 매주 한 차례 당회로 모여서 죄를 범한 사람들에 대해서 훈계하고 권징을 통해 그들을 위한

John Knox Press), 147.

[17] William Klempa, "John Calvin on Natural Law," in *John Calvin and the Church*, edited by Timothy George (Louisville, Westminster John Knox, 1990), 86.

[18] John Calvin, "Draft Ecclesiastical Ordinances," in *John Calvin Selections from His Writings*, ed. John Dillenberger (Missoula, MT: Scholars Press, 1975), 229.

[19] John Calvin, "Draft Ecclesiastical Ordinances," 235.

치료책을 간구했다. 교사의 주된 임무는 수수한 교리가 무지와 악한 의도에 의해서 오염되지 않도록 보존하는 것이었다.[20] 그렇기 때문에 교사들은 교리와 성경과 성경 언어에 대해서 특별한 전문적인 지식을 가진 전문가들이어야 했다. 집사들의 주된 임무는 교회의 재산을 관리하고 그것을 가난하고 불쌍한 사람들을 위해 분배하는 일이었다. 또 병든 자를 돌아보는 일이었다. 이 4가지 직분을 하나하나 좀 더 자세히 살펴보자.

(1) 목사, 제네바교회의 첫 번째 직분[21]

제네바교회 법령이 첫 번째로 언급하는 교회의 직분은 목사다. 칼빈은 목사의 직무로 세 가지를 이야기했다. ① 하나님의 말씀을 선포하는 것, ② 교회의 예식으로서 성례를 집행하는 것, 그리고 마지막으로 ③ 장로들과 함께 권징을 실행하는 것이다.

목사는 다른 직분들과 권위와 존엄면에서 구분된다. 그것은 하나님의 말씀과 관련된 특별한 직임 때문에 그렇다. 목사에 의해서 선포되는 말씀이 사람들을 가르치고 훈계하고 권면하고 꾸짖는다. 목사는 말씀의 권위 위에서 성도들의 삶을 감독하는 것이다. 제네바교회 법령에 보면, 목사의 명칭에 대해서 감독관(bishop), 장로(elder), 장관(minister) 등의 명칭을 사용한다. 이런 이름들을 통해서 우리는 제네바교회에서 목사는 교회의 예배와 성례를 비롯해 모든 공식 업무를 총괄할 뿐 아니라 권징을 위해서 성도들의 신앙생활까지 모두 감독하는 총감독자(superintendent)라는 것을 알 수 있다. 이런 목사직의 중요성 때문에 분명한 소명이 없이

---

20 John Calvin, "Draft Ecclesiastical Ordinances," 234.
21 John Calvin, "Ordonnances ecclésiastiques de 1541," 262-5.

는 목사가 될 수 없다고 제네바교회 법령은 분명하게 선언한다. 소명 없는 가짜 목사가 교회에 가져올 엄청난 폐해를 생각해서 제네바교회 법령은 목사 후보생들의 자격과 그것을 검증하는 절차를 매우 까다롭게 세세히 규정했다.

제네바교회 법령이 요구하는 목회자의 자격 요건은 두 가지로 구분된다. 첫째, 성경에 대한 충분하고 건강한 지식이 있어야 하고 둘째, 개인의 삶에 있어서 도덕적인 흠이 없어야 한다. 그리고 제네바교회 법령은 목회자를 세우기 전에 몇 가지 절차를 명시하고 있다. 제일 먼저 기존 목사들이 목사 후보생을 선택하여 그들을 시 당국자들(la Seigneurie)에게 보고한다. 그러면 시 의회는 후보자들을 불러서 검증 절차를 갖는다.[22] 마치 오늘날 고위 공직자 후보가 청문회를 통해서 자격을 검증받는 것과 비슷하다. 후보자가 목사의 직위에 합당한 자질과 도덕성을 가졌다고 판단하면 시의회는 후보자에게 설교를 할 수 있는 강도권(설교권)을 부여한다. 강도권을 얻은 후보자는 목사를 청빙하려는 교회의 성도들 앞에서 공개적인 설교를 한 후에 성도들의 최종적인 투표를 통해서 안수 자격을 얻게 된다. 만약, 이런 절차 과정에서 후보자가 탈락하게 되면 목회자들은 새로운 후보자를 선택해서 똑같은 과정을 처음부터 다시 거쳐야만 했다. 칼빈은 이런 일련의 과정이 초대교회에서 목사를 선택했던 절차와 같다고 주장했다.

제네바교회 법령은 목사를 선출하는 데는 이렇게 까다로운 규정을 만들어 놓았는데 그에 반해서 확정된 목사를 임명하는 임직 예식에 대

---

22 'The council' (le Conseil) in the first edition of 1541 was changed to (petit Conseil) in the revision of 1561.

해서는 단지 두 가지만을 간단하게 규정하고 있다. 첫 번째는 선배 목사 가운데 한 사람이 나와서 후보자가 취하게 될 목사라는 직책이 무엇이고 또 얼마나 어깨가 무거운 직책인가를 분명하게 선포하는 것이었다. 그리고 두 번째는 새롭게 목사 직분을 받을 임직자를 위해서 함께 기도하는 것이었다. 이것은 로마교회의 사제 서품식에 비하면 아주 간소한 것이었다. 이렇게 해서 임직식이 끝나면 새로 임직된 목사는 시의회와 당국자들 앞에서 자신의 임무에 충실할 것을 서약해야 했다.

칼빈은 든든한 교회를 세우기 위해서 필요한 3가지 기초로 복음에 기초한 교리, 권징 그리고 성례를 이야기했다. 이 3가지에 대한 의무가 목사에게 있음을 생각할 때 칼빈의 제네바교회 정치 시스템에서 목사의 비중은 가장 막중한 것이라고 할 수 있다. 이런 생각 때문에 칼빈은 1539년 제네바에서 추방될 때에도 자신을 따르는 사람들에게 설령 후임 목회자들이 시의회에 의해서 합법적인 방법으로 임명되지 않더라도 세워진 목사의 권위에 순종하라고 당부했었다.[23]

제네바교회는 목사가 임직 후 지켜야할 몇 가지 기본적인 의무를 교회 법령 안에 포함시켰다. 가장 먼저, 목사들은 모두 일주일에 한 번씩 성경에 대해서 토론하기 위해 모여야 했다. 이것은 목회자들이 순수한 교리를 유지하고 교리에 대한 일치를 유지하는 중요한 역할을 하는 모임이었다. 병과 같은 합법적인 이유가 아니고서는 예외 없이 모두가 참여해야 했고 불참시 징계 사유가 되었다. 제네바 시내에서 멀리 떨어진

---

23 Dennis W. Jowers, "In What Sense Does Calvin Affirm 'Extra Ecclesiam Nulla Salus'?" in *John Calvin's Ecclesiology: Ecumenical Perspectives*, Ecclesiological Investigations Series, ed. Gerard Mannion and Eduardus Van der Borght, vol. 10 (New York, NY: T&T Clark International, 2011), 52.

시골교회 목사들은 매주 참여하기 어려웠지만 그래도 최소한 한 달에 한 번은 의무적으로 참석하도록 규정했다. 만약 목사들 사이에 성경 해석이나 교리에 대한 생각의 차이가 있다면 공통된 합의점을 찾을 수 있도록 언제든 자유로운 토론이 보장되었다. 그러나 목사들 사이에서 공통된 합의점을 찾지 못하면 시의 통치자들이 그 문제에 대해서 행정적으로 최종적인 결정을 내렸다.

제네바교회 법령은 목회자들이 멀리해야 할 악덕을 구체적으로 제시함으로써 목사들의 경건생활의 중요성을 강조했다. 첫째, 목사들이 절대 해서는 안 되는 악덕을 제시했다. 그것은 이단, 분리, 교회 법규에 대한 위반, 신성모독, 성직매매, 뇌물, 다른 사람의 지위를 넘보는 행위, 자신의 교회를 허락 없이 떠나 방치하는 것, 사기, 위증, 음란, 절도, 술취함, 법적 처벌을 야기시킬만한 폭력, 고리대금, 법이 금하는 놀이나 추문에 휩싸일 만한 오락, 춤과 그와 유사한 풍기 문란, 국가를 비방하는 죄, 다른 사람이 교회를 떠나도록 만드는 죄악 등이었다. 이런 죄들이 드러나면 시 당국자들에 의해서 목사는 면직되었다.

둘째, 용서할 수는 있지만 권면과 권징을 필요로 하는 악덕이다. 성경을 이상하게 해석해서 교회 안에 소동을 일으키는 행동, 불필요한 일에 대한 호기심을 갖는 것, 교회에서 인정하지 않는 다른 교리를 만들어 내거나 유포하는 행위, 성경을 읽고 연구하는 일에 태만한 것, 아첨하는 말에 꾸짖지 않는 태만, 목사의 의무를 다하지 않는 태만, 천한 익살, 속임수, 중상모략, 음담패설, 욕설(상처 주는 말), 만용, 나쁜 간계, 인색함과 째째함, 상식을 벗어난 분노, 소란과 싸움, 의복이나 품행에 있어서 문란함 등이 그 예이다. 어떤 목사의 이런 잘못이 보고되면 목사회에서 그 진상을 조사하여 먼저 권면했다. 목사회에서 잘못을 지적하고 권면했음에도 그 문제가 해결되지 않을 때에는 시의회에 보고하여 시의회가 최종 처결하도록 했다. 목사들을 효과적으로 권징하기 위해서 3개월에 한 번씩 모든 목회자들이 모여서 그동안 관찰한 서로의 행동에 대해서 서로 지적하고 권면할 수 있도록 했다. 이것은 작은 흠집이라도 찾아내서 지적하고 비난하기 위한 목적이 아니라 흠이 될 일말의 가능성이 있는 것들까지도 서로 지적함으로써 함께 더 높은 도덕성과 거룩함을 유지하기 위함이었다.

(2) 교사, 두 번째 교회 직분[24]

제네바교회 법규가 정의한 두 번째 직분은 교사다. 교사는 다른 이름으로 박사라고 불리기도 했다. 교사의 첫 번째 임무는 사람들에게 건전한 교리를 가르침으로써 교회 안에 순수한 복음을 유지하는 것이다. 또 잘못된 교리에 사람들이 오염되지 않도록 지키는 것이다. 그래서 이들이 가르치는 것은 주로 신구약 하나님의 말씀에 기초한 것이었다. 당시 신학공부는 제일 높은 수준의 공부였다. 그래서 일정 수준의 언어나 인문학을 배워야 신학을 공부할 수 있었다. 그렇기 때문에 신학박사들은 신학교육뿐만 아니라 대학 수준의 인문학교육까지도 충분히 소화해 낼 수 있었다. 그래서 칼빈은 신학교육뿐 아니라 대학교육까지도 이들의 책임 하에 두었다. 대학교육은 신앙적인 유익뿐 아니라 시민들을 교육하는데도 유익했는데 칼빈은 대학교육을 통해서 바른 크리스천 지도자들을 양

---

[24] Calvin, "Ordonnances ecclésiastiques de 1541," 266-7.

성해서 교회의 영역을 넘어서 국가의 통치와 사회의 운영에도 선한 영향력을 행사하고자 했다.

칼빈은 어린이 교육의 중요성도 놓치지 않았다. 신학교육이 잘되기 위해서 질 좋은 대학교육이 전제 되어야 하고 대학교육이 빛을 발하기 위해서는 어린이 교육이 잘 되어 있어야 한다고 생각했다. 그래서 칼빈은 어린 아이들을 가르치기 위해서 학사들을 고용했다. 칼빈이 교회 법령에 "교사"라는 타이틀을 넣었을 때는 제네바 시의 공교육 시스템 안의 모든 교사들을 염두에 두었다. 이런 이유로 교사 직분을 "학교에 속한 신분"(l'ordre des escoles)이라고 표현했다. 모든 교사들은 제네바교회 안에 있는 직분자들이었기 때문에 그들은 모두 교회의 권징을 받았다. 교사로 임명받기 위해서는 무엇보다도 자신의 출중한 능력을 시험받아야 했다. 또 목사의 추천을 받은 다음 시의회에서 검증되는 절차를 거쳐야 했다.

(3) 장로, 제네바교회의 세 번째 직분[25]

앞에서 목사의 다른 이름 중에 하나가 장로였기 때문에[26] 세 번째 직분인 장로와 혼동의 가능성이 있다. 그러나 장로의 직분은 앞에서 이야기했던 목사의 별칭으로서 장로와는 그 권위와 존엄이 사뭇 다르다. 장로라는 말은 신약성경에서 "유대인의 장로"라고 할 때 가장 빈번하게 쓰였다. 1세기 유대인 사회에서 볼 때, 장로라는 명칭은 서기관, 바리새인, 사두개인들까지 포함해서 아주 폭넓게 사용되었다. 초대교회는 이렇

---

25 Calvin, "Ordonnances ecclésiastiques de 1541," 267-.
26 Calvin, "Ordonnances ecclésiastiques de 1541," 262.

게 널리 알려진 유대인 리더십을 교회 안에 접목했다. 장로는 자신이 속한 교회 안에서 최고의 힘과 권위를 가졌습니다. 그래서 가끔 사도들이 자신을 부를 때 장로라고 부르기도 했습니다(요이 1:1, 요삼 1:1). 목사에게 장로라는 별칭이 주어진 것도 이런 이유에서다. 그러나 제네바교회의 세 번째 직분인 장로는 힘과 권위 면에서 많은 제약을 갖는다.

제네바교회 법령에서 장로의 의무로 규정하는 것은 세 가지다. 첫째, 각 성도들의 삶을 돌아보는 것, 둘째, 잘못했거나 무질서한 삶을 사는 사람들을 부드럽게 권면하는 것(하나님의 말씀의 권위로 권면하는 목사의 권면과는 다르다.), 셋째, 하나님의 말씀을 거역하고 무질서하게 사는 사람들을 목사회(la Compagnie)[27]에 보고하는 것이었다. 목사회는 매주 금요일 오전에 만나 교회의 전반적인 사업을 의논했다.

1541년 제네바교회 법령에 의하면 장로는 시의회에서 선출되어 통치자들에 의해서 임명된 사람(commis par la Seigneurie)이었다.[28] 둘은 소위원회 위원 중에서, 넷은 60인 위원회 위원 중에서 선출했다. 후보 추천은 소위원회와 목사들이 함께 했고 200인 위원회에서 승인하면 목사와 마찬가지로 그들도 구두 서약을 했다.[29] 장로의 임기는 1년이었고 임기의 마지막에 투표로 연임을 결정할 수 있었다. 제네바교회의 장로들도 제네바교회 안에서 시의회의 위임 받은 일을 처리했다. 이런 이유로 칼빈은 장로들을 코미스(commis, 대표자 or 대리인) 라고 불렀다. 당시 제네바는 오

---

27 Scott Manetsch, *Calvin's Company of Pastors* (New York, NY: Oxford University Press, 2013), 2.
28 Calvin, "Ordonnances ecclésiastiques de 1541," 261.
29 A statement for this oath (*Serment du Consistoire*) was added in the *Ecclesiastical Ordinances* of 1561. See, *Calvini Opera*, X, 101.

늘날 국가와는 다르게 국가교회 형태였기 때문에 시의회의 모든 의원들이 덕망 있는 성도들이었고 그들 가운데서 장로가 선출되는 것은 전혀 이상하지 않았다. 또 의회에서 선출되었다고 하더라도 교인들의 대표로서의 자격에도 전혀 문제 될 것이 없었다.

(4) 집사, 제네바교회의 네 번째 직분

집사직은 사도행전 6장에 근거한다. 예루살렘교회에서 뽑힌 집사들은 사도들로부터 권한을 위임받아 사도들을 대신해서 재정적인 업무와 가난한 사람들을 돌보는 일을 했다. 제네바교회 집사에는 두 가지 종류의 집사가 있었다.

하나는 "프호큐러흐"(procureurs)라는 이름으로 교회의 재산을 관리하고 가난한 사람들에 대한 매일의 구제를 담당하는 사람이었다. 또 다른 하나는 "오스삐탈리에흐"(hospitaliers)라고 불렀는데 아픈 사람을 돌보고 가난한 사람들을 위해서 음식을 제공하는 일을 맡아서 했다. 사실, 제네바는 종교개혁을 받아들이기 전부터, 그러니까 제네바교회 법령이 만들어지기 이전부터 마치 오늘날 사회복지사처럼 국가 병원과 구제원에서 일하던 "프호큐러흐" "오시삐탈리에흐"라는 이름의 직책이 이미 있었다. 칼빈은 가난한 사람을 구제하고 아픈 사람을 돌보는 것을 교회 안에서 집사가 담당해야 할 일로 보고 이 두 직책을 교회의 직분으로 수용했다.

(5) 계급이 아닌 은사의 차이에 의한 직분 구분

지금까지 살펴본 것처럼, 칼빈은 제네바교회 안에 목사, 교사, 장로,

집사의 4개 항존직을 제정했다. 하지만 교회의 직분을 계급화 하는 어떤 시도도 배척했다. 직분은 하나님이 주신 은사대로 섬기는 것이지 계급이 아니기 때문이다. 목사의 은사를 받은 사람은 목사의 직분으로, 교사의 은사를 받은 사람은 교사의 직분으로, 장로의 은사를 받은 사람은 장로의 직분으로, 집사의 은사를 받은 사람은 집사의 직분으로 섬기는 것이다. 이런 의미에서 모든 직분은 평등하다고 말할 수 있다. 하지만 하나님이 주신 은사와 맡기신 사명의 영역이 다르기 때문에 그것에 따른 권위와 명예는 분명히 차이가 있다.

3) 제네바교회 법령의 영향

16세기 제네바의 종교개혁자 칼빈은 자신의 성경해석에 근거해서 교회 안에 4개의 항존직을 중심으로 교회를 조직하고 교회를 다스리는 제네바교회 법령을 만들었다. 이것이 칼빈주의적 교회 정치 원리로 16-17세기 유럽에서 칼빈의 개혁주의 신학을 따르는 많은 교회들이 칼빈의 개혁주의 교리와 더불어 교회 정치 형태와 권징의 방법을 공유했다. 1555년 무렵 파리를 중심으로 프랑스 개혁교회가 급속하게 증가했는데 칼빈의 제네바교회가 제네바 아카데미에서 훈련된 120여 명의 목회자들을 공급한 것이 큰 동력이 되었다.[30] 이런 이유로 대부분의 프랑스 교회들이 자연스럽게 칼빈의 교회론과 교회 정치 시스템을 받아들였다. 프랑스 개혁교회의 총회가 1559년 5월 25일 파리에서 열려 프랑스 신앙고

---

30 Philip Benedict, *Christ's Churches Purely Reformed: A Social History of Calvinism* (New Haven, CT: Yale University Press, 2002), 134.

백서(French Confession of Faith)을 채택했는데 이것은 제네바의 것을 거의 그대로 차용한 것이라고 해도 과언이 아니다.[31]

칼빈의 교회 시스템에서 지역 교회의 목사와 장로로 구성된 당회에 의해서 이루어지는 권징이 하나의 중요한 특징이었다. 이것은 프랑스 개혁교회의 지배적인 원리가 되었다.[32] 이런 칼빈의 교회 정치형태는 북서 유럽에서도 절대적이었다. 벨직 신앙고백서(Belgic Confession, 1561)는 구조나 단어 하나하나까지도 프랑스 신앙고백을 그대로 가져왔다.[33] 칼빈의 교회 정치 시스템의 4개 항존직에서 교사를 빼기는 했지만 목사, 장로, 집사의 3가지 직분을 항존직으로 채용했다. 그리고 그 외의 것들에 있어서는 칼빈의 제네바교회 정치 시스템을 그대로 가져다가 사용했다.[34]

네델란드는 돌트 총회(the Synod of Dort, 1618-1619)를 통해서 칼빈주의 교회법의 완벽한 형태를 만들어 냈다. 돌트 총회는 칼빈이 제네바교회 법령에서 만들었던 목사, 교사, 장로, 집사의 네 가지 직분을 교회법에 그대로 수용했다.[35]

스코틀랜드 총회도 1581년 회중에 의해서 선출되는 목사, 교사, 장로, 집사의 4가지 항존직을 도입했다. 더불어 웨스트민스터 총회도 1644년 지극히 개혁주의적인 신앙고백과 함께 칼빈주의적 장로교 정치를 확

---

[31] Benedict, *Christ's Churches Purely Reformed*, 135.
[32] David W. Hall and Joseph H. Hall, eds., *Paradigms in Polity: Classic Readings in Reformed and Presbyterian Church Government* (Grand Rapids, MI: Eerdmans, 1994), 7.
[33] Benedict, *Christ's Churches Purely Reformed*, 180.
[34] Hall and Hall, *Paradigms in Polity*, 173.
[35] Hall and Hall, *Paradigms in Polity: Classic Readings in Reformed and Presbyterian Church Government* (Grand Rapids, MI: Eerdmans, 1994). 176.

립했다.³⁶ 더 이상 목사는 왕이나 감독이 임명하는 것이 아니었다. 목사가 될 만 한 자격을 소유한 것으로 검증받은 사람들 가운데서 성도들이 선거를 통해서 선출함으로써 목사의 직무를 수행하게 되었다. 이런 칼빈주의적 교회 전통은 후에 북미 대륙의 청교도교회 안에서도 중요한 역할을 하게 되었다. 제네바교회 법령 안에 담겨 있는 교회 비전은 오늘날 전 세계에 흩어져 있는 대부분의 장로교회와 개혁교회의 원형이 되었다.

기독교강요 초판을 보면, 제6장에서 칼빈은 성도의 자유에 대해서 논한다. 첫째, 은혜로 구원 받은 성도들은 구약의 율법에서 자유하다.³⁷ 둘째, 그리스도인에게 법은 강제적인 것이 아니라 하나님의 뜻에 스스로 순종하는데 필요한 것이다.³⁸ 셋째, 인위적인 법률 조항으로 그리스도인의 자유를 속박하는 것은 옳지 않다.³⁹ 칼빈은 로마교회의 법이 그리스도인의 자유를 제한하고 억압한다고 생각했다.

4. 스코틀랜드 교회 법령

칼빈의 제네바교회 법령의 영향을 받아 만들어진 교회 법령 중에서 우리가 빼놓지 않고 관심을 가지고 보아야 할 것이 스코틀랜드 교회 법령이다. 왜냐하면 제네바는 단일 노회 형태의 교회 정치 시스템을 가지

---

36 Hall and Hall, *Paradigms in Polity*, 9.
37 John Calvin, *Institutes of the Christian Religion of 1536* (Grand Rapids, MI: Eerdmans, 1986), 176.
38 John Calvin, *Institutes of the Christian Religion of 1536*, 177.
39 John Calvin, *Institutes of the Christian Religion of 1536*, 184.

고 있었기 때문에 상회의 개념이 거의 발달하지 못했다. 또 프랑스와 네덜란드는 정부의 박해로 인해서 전국적인 교회조직 안에서 통일된 교회 정치 시스템을 적용하기가 어려운 면이 있었다. 하지만 스코틀랜드에서는 장로교 정치 형태가 범국가적인 조직으로 잘 발전할 수 있었기 때문이다.

1) 스코틀랜드의 종교개혁가 존 낙스

스코틀랜드의 종교개혁을 이끌며 스코틀랜드 교회 법령을 만드는데 주된 역할을 했던 사람은 존 낙스(John Knox)였다. 존 낙스는 로마교회에서 사제 서품을 받은 스코틀랜드의 신부였으나 스코틀랜드 종교개혁 선구자 중 한 사람이었던 위샤르트(George Wishart)로부터 종교개혁 사상을 받아들였다. 위샤르트(George Wishart)는 1530년대 프랑스 루뱅 대학에서 공부한 후 1538년에 스코틀랜드로 돌아와 성경을 바탕으로 한 종교개혁 사상을 전파했는데 로마교회 추기경 비튼에 의해서 이단으로 정죄되고 1546년 화형을 당했다. 그것에 항의해서 스코틀랜드의 많은 개혁자들이 세인트 앤드류 성을 점령하고 농성했는데 낙스도 그들 가운데 있었다. 이때 낙스는 단순한 농성 가담자 중에 한 사람이 아니라 설교자로서 그들 가운데 지도자적 역할을 하는 사람이었다.

(1) 존 낙스의 제네바 망명
세인트 앤드류 성의 농성은 프랑스 군대에 의해서 진압되었다. 당시 스코틀랜드의 통치자는 여왕 메리 스튜어트였다. 제임스 5세의 딸이었던 그녀는 생후 6개월 만에 왕위에 올랐다. 그래서 어머니였던 프랑스 기즈 가문의 메리(Mary de Guise)가 섭정을 했다.[40] 더구나 메리 스튜어트는 어린 시절부터 프랑스 왕가와 정략적 결혼이 결정된 상태로 프랑스로 옮겨가서 프랑스 왕실에서 자랐고 1558년 16세에 프랑스의 왕자 프랑소아 2세와 결혼한 후에도 프랑스에 쭉 살았기 때문에 그의 어머니 메리 드 기즈가 계속 섭정을 이어가며 실권을 행사하고 있었다. 그래서 세인트 앤드류 성이 농성자들에게 점령 당하자 섭정 메리는 사위인 프랑스왕 프랑소아 2세에게 원정군을 요청했던 것이다.

이 때 낙스는 프랑스 군에 잡혀가 19개월 동안 프랑스 갤리선에서 노를 젓는 수감생활을 했다. 1549년 에드워드 6세의 도움으로 수감생활을 끝냈지만 스코틀랜드로는 돌아갈 여건이 되지 못했다. 그래서 낙스는 잉글랜드로 가서 설교자로 활동했다.[41] 때때로 에드워드 국왕 앞에서 설교할 회를 얻기도 했다. 하지만 1554년 메리 튜더(Mary Tudor)가 즉위한 후 박해에 직면하게 되자 박해를 피해 유럽으로 망명해야 만 했다.

프랑크프르트를 거쳐 제네바에 정착한 그는 칼빈의 열렬한 추종자가 되었다. 제네바에는 영국에서 망명해온 많은 사람들이 있었다. 낙스는 영국 피난민 교회에서 목회를 하면서 영국 피난민 교회를 위한 "일반규례서"(Book of Common Order, 1554)를 만들어 사용했는데 이것은 칼빈의 제네바교회 법령의 영향을 많이 받은 것이었다. 이것은 후에 그가 스코틀랜드 교회를 개혁하는데 큰 밑거름이 되었다.

---

40 처음에는 아란 백작이 섭정을 했지만 1554년부터 메리 드 기즈가 섭정을 이어 받았다.
41 김중락, 『스코틀랜드종교개혁사』, (흑곰북스, 2017), 71.

(2) 스코틀랜드로 돌아온 낙스

1558년 스코틀랜드에서는 광범위한 종교개혁 운동이 일어났다.[42] 제네바에서 그 소식을 들은 낙스는 서둘러서 스코틀랜드로 돌아가려고 했다. 그래서 이듬해 1월 제네바를 떠났다. 하지만 여러 가지 정치상황이 그에게 호의적이지 않았다. 그래서 그는 5월이 돼서야 가까스로 스코틀랜드 땅을 밟을 수 있었다. 섭정이었던 메리 드 기즈는 로마교회를 지지하는 프랑스 귀족가문 출신으로 종교개혁자들에 대해서 매우 적대적이었다. 종교개혁자로 유명세를 떨치고 있는 낙스의 귀국을 반길 리가 없었다.

그 뿐만 아니라 그 당시 잉글랜드 역시도 여왕인 엘리자베스가 통치하고 있었는데 엘리자베스 역시 낙스를 여성 통치자를 혐오하는 사람으로 오인해서 그의 잉글랜드 입국도 허락하지 않았다. 그것은 낙스가 예전에 잉글랜드 여왕 메리 튜더와 스코틀랜드 섭정 메리 드 기즈의 박해 속에서 썼던 책 "괴물 같은 여성정권에 대한 첫 번째 나팔"(The First Blast of the Trumpet against the Monstrous Regiment of Women) 때문이었다. 이 책의 제목 때문에 종교개혁을 지지하는 엘리자베스 여왕까지도 낙스에 대해서 좋지 않은 선입견을 가지고 있었던 것이다.[43]

아무튼 여러 가지 정치적 어려움이 있었지만 1559년 5월 낙스는 스코틀랜드 땅을 밟는 데 어렵게 성공했다. 이미 세인트 앤드류 성 농성

---

42 김중락, 『스코틀랜드종교개혁사』, 84.
43 피의 메리라고 불리는 메리 튜더는 1553년 잉글랜드의 여왕이 되어 종교개혁자들에 대한 혹독한 박해를 시작했고 이듬해 1554년 스코틀랜드에서는 메리 드 기즈가 섭정을 물려 받으면서 종교개혁자들에 대한 혹독한 박해가 시작되었다. 이런 박해의 상황을 염두에 두고 낙스는 이 책을 썼다. 그렇기 때문에 결코 엘리자베스 여왕을 겨냥한 것은 아니었다. 하지만 엘리자베스 여왕은 자신의 취임 직전에 출판 된 그 책에 대한 불편함을 떨쳐버릴 수 없었다.

때부터 낙스는 스코틀랜드 사람들에게 종교개혁 설교가로 이름이 알려져 있었고 그가 중심이 되어 출판한 제네바 성경을 통해서도 낙스의 이름은 모르는 사람이 없을 정도로 스코틀랜드는 물론 잉글랜드에까지 잘 알려져 있었다. 그래서 낙스의 입국 소식을 들은 수많은 사람들이 낙스의 설교를 듣기 위해서 몰려들었다. 섭정이었던 기즈 드 메리는 스코틀랜드 군대 뿐만 아니라 프랑스의 군대까지 동원해서 무력으로 종교개혁 운동을 짓누르려고 했다. 이에 대항하여 "회중의 귀족들"(The Lords of Congregation)이라고 불리던 종교개혁 진영을 지지하던 귀족들이 연대하여 힘을 모았다. 이들은 종교개혁을 지지하면서도 지금까지 섭정에 정치적으로 반기를 들지 않았었는데 이제는 정치적으로 무력을 사용해서라도 섭정에 반기를 들기로 결심했다. 이들은 세인트앤드루스, 퍼스, 스털링 등 주요 도시를 점령하고 수도인 에딘버러까지 점령했다. 이 상황에서 섭정은 프랑스 군대가 더 많은 지원군을 보내 올 것을 기다렸고 회중의 귀족들은 잉글랜드의 군사적 지원을 기다리며 서로 대치 상황을 이어갔다.

이런 대치 상태는 그리 오래가지 않았다. 회중의 귀족들은 섭정 정부와 리스(Leith) 조약을 체결했다. 섭정 정부는 종교개혁 신앙에 대해서 양심의 자유를 허락한다는 약속을 했고 회중의 귀족들은 수도인 에딘버러를 비롯해 점령한 도시에서 군대를 철수 했다. 하지만 이들은 섭정 정부가 양심의 자유를 보장한다고 한 약속을 믿지 않았다. 언제든 프랑스 군대의 지원을 받으면 종교개혁 세력에 대한 탄압이 시작될 것이라고 생각했다. 그래서 이들은 잉글랜드에 지원을 요청했다. 결국 전쟁은 잉글랜드와 프랑스의 전쟁으로 커지는 듯했다. 하지만 섭정이었던 메리 드 기즈의 갑작스런 죽음으로 섭정 정부는 급속히 힘을 잃었다.

그런 상황에서 프랑스는 스코틀랜드를 놓고 잉글랜드와 대규모 전쟁을 하는 것이 부담스러웠다. 결국 1560년 7월 프랑스는 잉글랜드 군대와 함께 스코틀랜드에서 철수한다는 에든버러 조약을 체결했다. 잉글랜드 군대와 프랑스 군대가 모두 철수하자 스코틀랜드는 섭정 정부와 싸움을 주도했던 회중의 귀족들이 중심이 되어 1560년 8월 종교개혁을 위한 국회를 소집했다. 프랑스에 머물고 있던 메리 여왕은 이를 거절할 수 있는 명분도 힘도 없었다.

(3) 스코틀랜드 신앙고백서

국회는 종교개혁적인 성향을 가진 이들이 주도권을 가졌고 낙스가 개회 설교를 했다. 종교개혁을 반대하는 일부 주교들이 참석했지만 숫자는 많지 않았다. 의회는 "스코틀랜드 신앙고백서"(the Scots Confession, 1560)를 만들어 통과시킴으로써 스코틀랜드교회가 완전한 프로테스탄트 교회임을 선언했다.

스코틀랜드 신앙고백서는 짧은 서문에 이어 총25개의 항목으로 이루어졌다. 이 항목들은 기본적으로 사도신경의 순서와 내용을 따르고 있다. 그리고 거기에 더해 당시 신학논쟁의 중심에 있었던 칭의, 성화, 믿음, 성경의 권위, 세속 권력과 교회의 권위, 성례 문제 등을 빼놓지 않고 상당히 구체적으로 다루었다. 스코틀랜드 신앙고백서는 하나님의 말씀으로서 성경의 권위를 매우 강조했다. 이것은 "오직 성경"이라는 종교개혁 정신에 부합할 뿐 아니라 교황의 명령이 성경보다 위에 있을 수 없다는 것을 분명히 명시했다. 스코틀랜드 신앙고백서는 성경의 무오성을 강하게 주장했지만 신앙고백서 자체의 무오성을 주장하지 않았다. 자신들이 만든 신앙고백서 안에 혹시라도 성경에 위배되는 것이 있으면 언제든지 당연히 수정되어야 한다는 열린 태도를 견지했다. 이런 열린 태도는 나중에 웨스트민스터 신앙고백서를 재빠르게 수용할 수 있는 동력이 되었다.

스코틀랜드 신앙고백서는 의회가 열린지 4일 만에 초안이 만들어졌다. 급하게 만들어졌을 뿐 아니라 일반 목회자들에 의해서 초안이 만들어졌다. 전문 신학자들이 만든 것이 아니기 때문에 학문적인 완성도는 상당히 떨어진다는 비판을 받는다. 하지만 그런 단점에도 불구하고 스코틀랜드 신앙고백서는 의회에서 별다른 이의나 큰 논쟁 없이 단숨에 채택 되었다. 종교개혁적인 신앙고백서의 현실적인 필요성에 대한 요구가 매우 컸기 때문에 그런 단점은 그다지 크게 보이지 않았다. 이런 단점은 반대로 생각해 보면 학자들의 딱딱한 언어가 아니라 목회자들의 부드러운 언어로 작성됨으로서 일반 성도들이 접근하기 더 쉬운 실용적인 신앙고백서라는 장점으로 읽힐 수도 있었다.[44] 더욱이 나중에 훌륭한 학자들에 의해서 웨스트민스터 신앙고백서가 잉글랜드 의회에서 만들어졌을 때 스코틀랜드 의회가 스코틀랜드 신앙고백서에 대해서 전혀 미련을 갖지 않고 심각한 논쟁이나 토론 없이 웨스트민스터 신앙고백서로 갈아탈 수 있었던 것은 스코틀랜드 신앙고백서의 이런 약점 때문이었다는 것을 생각해 보면 오히려 그것이 전화위복이 된 것으로 생각할 수도 있다.

---

[44] 김중락, 『스코틀랜드종교개혁사』, 105.

스코틀랜드 신앙고백서가 의회에서 통과된 후 일주일 만에 의회는 "교황의 사법권 폐지법"(the Papal Jurisdiction Act)를 통과시킴으로써 스코틀랜드 교회에 대한 교황의 지위를 인정하지 않기로 했다. 따라서 스코틀랜드 안에서는 교황의 권위 아래 세워진 교회들을 폐지하고 스코틀랜드 땅 안에서 미사를 금지할 것을 결의했다.[45] 스코틀랜드 교회를 완전한 프로테스탄트 국가 교회로 한 것이다. 하지만 스코틀랜드에 아직 정상적인 장로교 제도가 정착된 것은 아니었다. 스코틀랜드 의회는 교회 정치 시스템에 대해서는 입법하지 못했다.

사실, 낙스가 돌아왔던 5월 회중의 귀족들은 낙스를 비롯한 목회자들에게 장로교 정치에 대한 초안을 만들 것을 지시했었다. 그 결과물로 만들어진 것이 "공공 종교개혁서"(Book of Common Reformation)의 초안이었다. 이것은 스코틀랜드 교회 안에서 주교 제도를 완전히 폐지하고 제네바교회의 모범을 따라 장로회 제도를 도입하려는 시도였다.[46] 낙스는 스코틀랜드 신앙고백서가 통과된 8월 종교개혁 회의에 제출했다. 하지만 이것은 회의 시작부터 반대에 부딪혀 심도 있는 논의조차도 해 보지 못하고 기각 되었다. 왜냐하면 주교제도를 폐지하기 위해서는 현재 주교들의 신분 보장에 대한 문제도 해결해야 했고 그 뿐 아니라 주교들을 배후에서 후원하고 있는 귀족 가문이나 정치 세력들과 복잡하게 얽힌 이해 관계들까지도 원만하게 해결해야만 했기 때문이다. 종교개혁을 반대하는 주교들 가운데도 종교개혁 진영에 있는 힘 있는 귀족들과도 혈연이

---

45 윌리스턴 워커, 『기독교교회사』 (크리스챤다이제스트, 2008), 558.
46 김중락, 『스코틀랜드종교개혁사』, 106.

나 지역 기반으로 끈끈하게 연결되어 있는 경우도 많았다.47 또 신학적으로는 종교개혁을 환영하면서도 교회 제도는 잉글랜드처럼 주교제도를 계속 유지하기를 바라는 주교들도 있었다.48 그렇기 때문에 주교제도 폐지라는 문제는 현실적으로 쉽게 건드리기 어려운 문제였다.49 그럼에도 불구하고 스코틀랜드의 개혁자들은 스스로 자부심을 가지고 스코틀랜드교회를 "가장 잘 개혁된 교회"(the Best Reformed Church) 라고 불렀다.50

2) 스코틀랜드 제1치리서

1560년 8월 스코틀랜드의 종교개혁 의회는 교황과의 관계를 단절하고 분명한 프로테스탄트 교회가 됨을 선언했지만 교회 정치 문제는 전혀 손대지 못한 채 해산 했다. 하지만 의회 해산 직전에 스코틀랜드 교회의 교회 정치 문제를 심도 깊게 다룰 위원회를 조직했다. 위원회는 존 낙스를 포함해서 6명으로 구성되었다.51 그리고 그해 12월에 스코틀랜드 개혁교회의 첫 총회(General Assembly)가 열렸는데 이들이 작성한 초안이 "치리서"(Book of Discipline)52라는 이름으로 제출되었다. 총회에서 토론하여 수정 된 "치리서"가 1561년 1월 귀족들과 지주들이 모인 신분 회의

---

47 김중락, 『스코틀랜드종교개혁사』, 107.
48 Gordon Donaldson, *The Scottish Reformation* (Cambridge University Press, 1960), 58.
49 김중락, 『스코틀랜드종교개혁사』, 109.
50 김중락, 『스코틀랜드종교개혁사』, 17.
51 공교롭게도 여섯 명의 이름이 모두 존(John) 이었다. 존 윈램(John Winram), 존 스포티스우드(John Spottiswoode), 존 윌록(John Willock), 존 더글라스(John Douglas), 존 로우(John Row), 그리고 존 낙스(John Knox). *Works fo John Knox*, ii, 128.
52 1578년 개정된 "치리서"와 구분하기 위해서 이것을 "제1치리서"라고 부른다.

(the Convention of Estates)에 상정 되었다. 격론이 오고갔지만 과반 수 이상의 지지를 얻어서 "치리서"가 법적 효력을 갖게 되었다.[53]

치리서는 교회 정치의 내용을 다루고 있지만 예배의 실제와 관련된 교리에 대한 것도 필요에 따라 부분적으로 규정했다. 먼저, 성례에 대해서 세례와 성찬 두 가지만을 인정한다는 것을 분명히 했다. 예식은 단순화 하고 테이블 주위 앉는 것을 권장하고 빵과 포도주를 함께 나누는 것만 으로 규정했다.[54]

다음으로 목사의 선정(election), 심사(examination), 위임(admission)에 대한 매우 엄격한 절차를 규정했다. 적합한 인물의 선정은 1차적으로 회중에게 맡겨졌다. 하지만 회중이 감당하기 어려울 때는 시찰 감독이 적합한 인물을 추천할 수 있게 했다. 추천된 사람은 공개적인 장소에서 시험관들 앞에서 자신의 능력을 검증 받아야 했다. 검증은 두 가지로 영역으로 나누어 진행되었다. 첫째, 주어진 성경을 해석하고 발표하는 능력을 검증 받아야 했다. 둘째, 개혁교회 목사로서 개혁교회의 특징과 장점에 대해서 로마교회나 아리우스 파 등과 비교하여 설명할 수 있어야 했다. 이렇게 능력 검증을 받은 후보는 자신이 목회할 교구의 회중 앞에서 설교를 하고 회중들이 그 설교를 듣고 최종적으로 승낙하면 공개적인 위임식을 거친 후 목사직을 맡게 되었다. 목사는 회중을 위해 부지런히 사역해야 할 의무가 주어졌고 회중은 목사의 생활을 위한 사례비를 책임져야 했다.[55]

---

[53] *Works of John Knox*, ii, 128-130.
[54] *Works of John Knox*, ii, 186-188.
[55] *Works of John Knox*, ii, 189-191.

장로와 집사는 선출할 인원의 2배수를 추천하여 교인들의 투표로 선출하였다.[56] 장로와 집사는 목사와 함께 지교회 치리회를 구성했는데 오늘날의 당회(consistory)이다.[57] 오늘날 장로교회의 당회가 목사와 장로로만 구성되는 것과는 달리 스코틀랜드 교회는 치리회 안에 집사를 포함하고 있었다. 하지만 목사를 선출할 때는 집사들은 제외하고 목사와 장로로 구성된 심사위원회가 주도적인 역할을 했다.[58]

제1치리서의 또 하나의 특징은 시찰감독의 기능을 규정하고 있다는 것이다. 스코틀랜드 전역을 10개 구역으로 나누고 그 지역을 담당할 시찰 감독을 임명했다.[59] 시찰 구역은 종교개혁 이전의 주교구역과 상당부분 일치했다. 주교제도에 익숙한 사람들에게는 주교와 같은 것으로 인식되기도 했다.[60] 하지만 주교와는 확연히 다른 직책이었다. 당시 전국적으로 보면 종교개혁 사상이 전파되지 못한 지역도 있었고 종교개혁 사상에 기반하여 기독교 신앙을 설교할 수 있는 목사가 많지 않은 상황이었기 때문에 시찰감독들은 일종의 순회 목회자의 기능을 담당했다. 그래서 시찰 감독은 반드시 설교를 할 수 있는 사람으로 임명했으며 시찰 구역 안에서 일주일에 세 번 이상 설교하도록 규정했다.[61]

시찰 구역을 다니면서 교회가 없는 곳에서 설교할 뿐 아니라 교회를 개척하고 또 개척한 교회에 목사를 임명할 수도 있는 권한이 주어졌다.

---

56 *Works of John Knox*, ii, 233-234; 자넷 맥그레고, 『장로교 정치 제도 형성사』 (도서출판솔로몬, 2001), 70-71.
57 자넷 맥그레고, 『장로교 정치 제도 형성사』, 81.
58 *Works of John Knox*, iii, 190, iv. 175, vi. 293. 자넷 맥그레고, 『장로교 정치 제도 형성사』, 82.
59 *Works of John Knox*, ii, 201-204.
60 김중락, 『스코틀랜드종교개혁사』, 119.
61 자넷 맥그레고, 『장로교 정치 제도 형성사』, 74.

개척한 교회에는 목사를 청빙할 여건이 되지 않았기 때문으로 보인다. 교구 목사들의 사역을 돌아보며 감독하는 역할도 했다. 어떻게 보면 장로교 제도와는 어울리지 않는 일종의 감독직이었다.[62] 하지만 이것은 과도기적으로 만든 임시직이었기 때문에 비장로교적이라고 비난할 필요는 없다. 그래서 이 직책은 제2치리서(1578)에서는 사라졌다. 최초의 시찰 감독은 국가 기관인 추밀원에서 임명했다. 하지만 시간이 지남에 따라서 시찰 감독이 공석이 되었을 때는 지역의 목사, 장로, 집사 그리고 시장과 시의회에서 함께 공적으로 선출했다. 그런 의미에서 시찰 감독은 주교와는 확연히 달랐다.[63]

그 외에도 임시직으로 성경 독경사(readers)가 있었다.[64] 목사가 없는 교회에서 예배 때 성경과 기도서를 낭독하는 것이 주요한 직무였다. 독경사는 회중들에게 성경을 가르치기도 했고 때로는 특별한 허락을 얻어서 성찬을 행하기도 했다. 이렇게 독경사로 오랫동안 훈련된 사람들은 후에 목사로 추천되기도 했다.[65]

3) 스코틀랜드 종교개혁의 위기

(1) 메리 스튜어트의 귀환으로 시작 된 갈등

스코틀랜드에서 종교개혁 의회와 스코틀랜드 개혁교회 총회를 거치

---

62 김중락, 『스코틀랜드종교개혁사』, 175.
63 김중락, 『스코틀랜드종교개혁사』, 118.
64 *Works of John Knox*, ii, 195-196.
65 자넷 맥그레고, 『장로교 정치 제도 형성사』, 78.

며 스코트랜드에서 종교개혁이 자리 잡고 있던 그 무렵 메리 여왕의 남편이자 프랑스의 왕이었던 프랑수와 2세가 병으로 세상을 떠났다. 남편을 잃은 메리 여왕은 1561년 8월 스코틀랜드로 돌아왔다. 메리 여왕은 로마 교황주의 신앙을 가지고 있었다. 그렇기 때문에 종교개혁자들 입장에서는 여왕이 구심점이 되어 로마교회로 회귀하는 일이 벌어지지 않을까 염려가 되는 것이 사실이었다. 스코틀랜드가 형식적으로는 의회와 개혁교회 총회를 통해서 종교개혁을 완성한 것처럼 보였지만 아직 로마교회를 추종하면서 종교개혁을 거부하는 귀족들이 존재하는 것이 사실이었고 지역 교구로 가면 여전히 사제들에 의해서 미사가 행해지는 곳들이 남아 있었다.[66] 그러니 종교개혁자들 입장에서는 메리 여왕의 귀환은 충분히 두려움의 요소가 되었다.

하지만 메리 여왕이 할 수 있는 것은 많지 않았다. 이미 벌어진 스코틀랜드의 종교개혁을 인정할 수밖에 없었다. 메리 여왕은 왕궁에서 자신의 개인 신앙의 양심을 따라 로마교회 미사를 진행했다. 낙스는 그런 여왕의 행보마저도 마땅치 않았다. 낙스는 세인트자일스 교회에서 행한 설교에서 여왕의 왕궁 미사를 비판하면서 "한 명의 미사가 교회를 없애려고 이 나라에 상륙한 만 명의 무장 군인보다 더 무섭다."라고 직격탄을 날렸다. 그가 메리 여왕으로 인해서 종교개혁이 무너질까 얼마나 노심초사 하고 있었는지를 알 수 있다. 이 일로 낙스는 왕궁에 불려가 메리 여왕과 설전을 벌이기도 했다. 낙스는 참 된 종교가 아닌 것을 강요하는 군주에게는 저항할 권리가 있다는 군주 방벌론까지 이야기하며 메리 여왕

---

[66] 김중락, 『스코틀랜드종교개혁사』, 137.

을 압박했다.67

더욱이 1562년 메리 여왕의 결혼 문제가 거론되기 시작했을 때 종교개혁 진영의 위기감은 절정에 다다랐다. 신랑 후보자로는 스스로 로마교회의 대부를 자칭하는 스페인의 필립페 2세의 아들 카를로스도 있었다.68 만약 이런 결혼이 성사가 된다면 지금까지의 개혁의 성과는 수포로 돌아가고 다시 로마교회로 회귀할 수도 있다는 위기를 느꼈다. 1565년 메리 여왕이 사촌인 단리 경과 결혼했는데 그는 잉글랜드와 스코틀랜드 모두 영지를 가지고 있는 힘 있는 귀족 집안일 뿐 아니라 종교개혁자들이 우려한 대로 철저한 로마 교황주의자였다. 일부 종교개혁자들과 그들을 지지하는 귀족들은 불안감을 떨치지 못하고 무력시위를 하다가 결국 진압되어 스코틀랜드에서 쫓겨나기도 했다.69 낙스는 이 시위에 참여하지는 않았다. 메리 여왕이 신앙을 억압하는 폭정을 하지도 않았는데 여왕의 결혼으로 인해 염려되는 미래에 대한 불안 때문에 정권에 맞서 무력시위를 하는 것은 옳지 않다고 생각했기 때문이다.

(2) 메리 스튜어트의 몰락

메리 여왕은 노골적으로 미사를 장려하고 로마교회의 절기를 기념하는 행사를 벌이기 시작했다. 그러던 중 일련의 사건들이 발생했다. 1566년 3월 메리 여왕이 프랑스에서 데리고 온 여왕의 개인 비서였던 데이비드 리치오가 메리 여왕과 불륜관계로 의심을 받던 중 메리 여왕의 침

---

67 *Works of John Knox*, ii, 281.
68 김중락, 『스코틀랜드종교개혁사』, 133.
69 김중락, 『스코틀랜드종교개혁사』, 142-143.

실에서 남편 단리 경에 의해서 발견돼 살해당했다. 그리고 이 사건이 있고 1년이 채 지나지 않은 시점인 1567년 2월 단리 경이 폭발 사고로 사망했다. 사람들은 당시 메리 여왕과 로마교회의 부흥을 모의하던 보스웰 백작을 단리 경 암살의 주모자로 의심했다. 그런데 메리 여왕은 4월 보스웰 백작과 결혼을 발표했고 다음 달에 결혼식을 올렸다. 이 결혼에 대한 반대 여론이 커지고 내전으로까지 발전했다. 결국 보스웰은 스코틀랜드를 떠나 달아났고 메리 여왕은 레반 호수(Loch Leven) 안에 있는 섬에 갇혔다.[70]

1567년 7월 에딘버러에서 스코틀랜드 교회 총회와 의회가 함께 열렸다. 메리 여왕은 폐위되었고 그녀의 한 살 된 아들 제임스 6세가 왕위를 승계했다. 낙스가 제임스 6세의 즉위식에서 설교했다. 그리고 종교개혁진영의 유력한 귀족이었던 모레이 백작(the Earl of Moray)이 섭정에 들어갔는데 그는 섭정 즉위식에서 개혁교회를 보호하겠다고 약속했다.[71]

메리 여왕은 1568년 5월 감금되어 있던 섬에서 탈출에 성공해 지지 세력을 결집해 재기를 시도했다. 하지만 스코틀랜드 군대에 패배하고 잉글랜드로 망명했다. 메리는 잉글랜드의 엘리자베스 여왕에게서도 환영받지 못했다. 스코틀랜드와의 국경 인근에 있는 칼라일(Carlisle) 성에 연금되어 있다가 엘리자베스 여왕을 암살을 음모했다는 죄명으로 사형에 처해졌다(1587).[72]

---

70 김중락, 『스코틀랜드종교개혁사』, 150.
71 김중락, 『스코틀랜드종교개혁사』, 152.
72 윌리스턴 워커, 『기독교교회사』, 560.

(3) 존 낙스의 죽음과 앤드류 멜빌의 등장

메리 여왕의 망명 이후에도 스코틀랜드는 5년 이상 소요 사태에 시달렸다. 메리 여왕 지지자들은 1570년 1월 섭정이었던 모레이 백작을 암살하고 1571년 4월에는 에든버러 성을 점령하고 1년 간 저항하면서 자신들 만의 정부를 구성하기도 했다.[73] 성안에서의 장기전에 대한 부담을 느낀 여왕 지지자들이 1572년 7월 협상을 제안하고 성문을 열었다.[74] 이로서 길었던 내전은 잠시 멈췄다. 그리고 그해 11월 24일 노환과 질병으로 힘겨워하던 낙스는 세상을 떠났다.

1573년 1월 메리 여왕 지지자들은 갑작스럽게 휴전의 종료를 선포하고 에든버러 성 문을 닫고 대포를 쏘기 시작했다. 제임스 6세 섭정 정부는 자신들의 힘으로 에든버러 성을 탈환할 방법이 없었다. 결국 잉글랜드에 지원을 요청했고 1,000여명의 잉글랜드 군이 도착하여 27개의 포를 가지고 12일간 3,000여발의 포탄을 퍼부은 끝에 결국 에든버러 성을 탈환했다. 섭정이었던 모턴(Morton) 백작은 정치적으로 친 잉글랜드였을 뿐 아니라 종교적인 측면에서도 잉글랜드와 같은 주교제도를 시행하려는 열망이 강한 사람이었다. 실제로 그는 자신의 추종자들로 주교들을 세워 나갔다. 이전 섭정이었던 마르가 1572년 리스 종교회의(Leith Convocation)를 통해 국왕이 교회의 승인하에 주교를 임명할 수 있다는 리스협약(the Concordat of Leith)을 맺은 것이 그 근거가 되었다.[75] 이로 인해 스코틀랜드 교회 안에는 혼란이 가중되었다. 정치적인 힘의 열세에

---

73 김중락, 『스코틀랜드종교개혁사』, 158.
74 김중락, 『스코틀랜드종교개혁사』, 162.
75 김중락, 『스코틀랜드종교개혁사』, 166.

있던 개혁교회는 1573년 총회를 통해 국왕의 주교 임명을 허락할 수밖에 없었다.

이런 혼란을 극복하기 위해 등장한 사람이 있었는데 그가 바로 앤드류 멜빌(Andrew Melville)이었다. 멜빌은 세인트앤드루스 대학에서부터 두각을 나타낸 학자로 19살에 파리로 유학을 가서 21세에 파리 대학교수가 되었다. 24세가 되던 1569년부터 제네바로 가서 약 5년간 머물면서 데오도르 베자(Theodor Beza)와 함께 제네바 대학에서 교수로 일했다. 앤드류 멜빌은 제네바에 머물면서 제네바교회의 정치 시스템에 아주 익숙해져 있었을 뿐 아니라 그것에 근거한 장로회 정치가 가장 바른 교회 정치 형태라는 확신을 가지게 되었다. 그런 그가 1574년 스코틀랜드 교회 개혁을 위해서 스코틀랜드로 돌아왔다. 그가 제네바를 떠날 때 베자가 했다는 말이 인상적이다.

"앤드류 멜빌을 보내는 고통을 감당하는 것은 제네바교회가 스코틀랜드에 보여줄 수 있는 가장 큰 사랑의 표현이다."[76]

4) 스코틀랜드 제2치리서

스코틀랜드로 돌아온 엔드류 멜빌은 글래스고(Glasgow) 대학의 총장직을 맡았다. 대학 교육 체제를 개혁해서 유럽의 유수한 대학과 비교해도 손색이 없는 학교를 만들었다. 그뿐 아니라 스코틀랜드 교회 개혁에도 강한 드라이브를 걸었다. 그는 주교제도는 사역자 간의 평등 원칙에

---

[76] Thomas M'crie, *The Life of Andrew Melville* (Edinburgh, 1819), 54. 김중락, 『스코틀랜드종교개혁사』, 170에서 재인용.

위배된다고 가르쳤고 장로회 정치 제도가 성경적으로 바른 제도라고 주장했다.77 그는 스코틀랜드 교회 안에서 장로회 정치를 주장하는 사람들의 실질적인 구심점이 되었다. 장로교 정치 원리에 매력을 느낀 사람들이 그 원리를 더 잘 배우기 위해서 글래스고 대학으로 모여들었다.

1575년 총회에서 앤드류 멜빌은 주교 제도를 비판했다. 1576년 총회에서는 주교도 섬기는 회중이 있어야 한다는 주장을 폄으로써 주교와 교구 목사와의 차별을 없애려고 했다. 1578년 스코틀랜드 교회 총회장으로 선출 된 앤드류 멜빌은 주교라는 직책을 폐지해 버렸다. 그리고 지금부터 왕실에서 주교를 임명하는 일에 협조하거나 그것에 연관된 사람은 목사직에서 영원히 제명하기로 결의했다. 이미 이전에 주교로 임명 된 사람들에 대해서는 몇 가지 단서를 달았다. 자신의 회중이 있어야 하고, 주교 관할에 있는 다른 목사들에게 주교에 대한 재정적인 의무를 요구를 할 수 없고, 부여받은 임무 없이 사적인 시찰할 수 없고, 귀족들이 가지는 일반적인 세속적인 지위를 가질 수 없다는 것이었다. 실제로 귀족들 가운데서 주교로 임명 된 사람들이 많았기 때문에 주교들에게는 큰 부담이 되었다.

그리고 더 나아가서 1578년 총회는 "제2치리서"(The Second Book of Discipline, 1578)를 통과 시켰다. 제2치리서는 장로교회의 조직과 정치 원리를 분명하게 명시했다는데 역사적으로 큰 의의가 있다. 사실, 스코틀랜드 교회 안에는 앤드류 멜빌이 돌아오기 전부터 교회의 조직과 정치 그리고 사법권에 대한 명확한 규정이 필요하다는 내부의 요구가 있었

77　김중락, 『스코틀랜드종교개혁사』, 172.

다. 1573년 총회부터 이 문제가 논의되기 시작했고 1575년 총회는 섭정이었던 모턴 백작에게 건의하여서 교회정치 초안을 만들기 위한 16명의 위원회를 구성하기도 했었다.[78] 그 후 1576년 스코틀랜드 교회 총회는 이를 위해서 다시 22명의 위원회를 구성했다. 초안이 만들어진 후 11명의 검수위원을 선정했는데 여기에 앤드류멜빌이 포함되었다. 검수위원들의 수정을 거친 안건이 1577년 총회에 상정 되었다. 그리고 총회 석상에서 한 항목씩 공개적으로 낭독되고 토의를 거쳐 받아들여지거나, 수정되거나, 삭제되었다. 이렇게 축조(逐條)를 통해서 최종안이 만들어졌지만 1577년 총회는 이것을 바로 통과시키지 못하고 뒤로 미뤘다. 정치권과의 협의 없이 통과 시키는 것에 대한 부담 때문이었다. 많은 노력이 있었으나 정치권(섭정, 추밀원, 국회 등)의 동의를 이끌어내지 못했다. 결국 1578년 총회장이 된 앤드류 멜빌은 정치적 부담을 안고서 제2치리서를 스코틀랜드 교회 총회에서 확정했다. 그리고 본격적으로 제2치리서에 입각하여 스코틀랜드 교회를 조직하고 운영해 나갔다. 스코틀랜드 정부는 제2치리서에 동의 하지는 않았었지만 스코틀랜드 교회가 총회를 통해서 제2치리서를 통과 시키고 그것에 근거해 교회를 조직해 나가는 것에 대해서 특별히 제제조치를 시행하지는 않았다.[79]

제2치리서에서 명시한 장로교회 조직과 정치 원리의 가장 큰 특징은 회의체에 의한 조직이라는 것이다. 그리고 회의체 안에서 모든 구성원들은 지위와 권한에 있어서 완전한 평등을 보장 받았다. 주교제도 아래에서는 교회 조직이 사역자들의 상하 계급관계에 의한 지배와 복종의 관

---

[78] 김중락, 『스코틀랜드종교개혁사』, 176-177.
[79] 김중락, 『스코틀랜드종교개혁사』, 179.

계를 가졌었다. 교황이 주교와 평등할 수 없고 주교가 교구 신부와 평등할 수 없었다. 이것을 생각해 보면 주교제도에서 장로회 제도로의 변화는 엄청난 변화였다. 물론, 장로교 제도에도 상회와 하회의 개념이 있다. 각 교회 당회 위에 지역 노회가 있다. 지역 노회 위에는 전국 총회가 있다. 하지만 그 상하 조직은 사람에 의한 것이 아니라 회의체 간의 상하관계다. 상회인 회의체의 결정이 하회에 대해서 힘을 갖게 함으로써 특정 개인이 하회나 하회의 구성원에 대해서 권력을 휘두르지 못하게 한 것이다. 총회장이나 노회장은 로마교회의 주교나 총대주교와 같이 막강한 권력을 가진 존재가 아니라 회의가 열리는 동안 진행을 맡은 사회자(moderator)에 불과했다.[80]

종교개혁 이후 교회 조직에 있어서 회의체 제도를 채택한 나라는 스코틀랜드 외에도 제네바, 프랑스, 네덜란드가 더 있다. 제네바는 노회가 하나였기 때문에 그 이상의 상회를 가지지 못했다. 프랑스 개혁교회 치리서(1556)는 지교회의 치리회인 당회 뿐 아니라 그것을 지역적으로 확대한 치리회인 노회, 그리고 더 나아가서 전국 대회에 이르기까지 오늘날 치리회 중심의 장로교 정치 체제를 분명하게 제시하고 있다. 하지만 현실 속에서 체계적으로 운영되지는 못했다.[81] 네덜란드 개혁교회도 마찬가지였다. 하지만 스코틀랜드 교회는 제2치리서에서 노회, 대회, 총회의 3심제 치리회를 제도적으로 정립하였을 뿐 아니라 실제로 적용하였다.[82]

---

80 김중락, 『스코틀랜드종교개혁사』, 182.
81 김중락, 『스코틀랜드종교개혁사』, 16.
82 장대선, "역자 서언," 『장로교회의 치리서들』 (고백과문답, 2020), 10.

제2치리서는 개별 교회의 당회, 그리고 지역의 노회, 전국 총회, 국제 총회의 4개 회의체를 규정했다. 당회를 이룰 수 없는 작은 교회들은 3-4개가 모여서 연합당회를 구성할 수 있게 했다. 스코틀랜드 교회는 제2치리서에 근거해서 1581년 총회부터 전국 약 1,000개 교회를 600여개의 교구(parish)로 나누고 각 교구에는 반드시 1명의 목회자가 있어야 한다고 결정했다. 50개의 노회를 만들고 각 노회는 12개 전후의 교구가 할당되었다.[83]

5. 웨스트민스터 헌법

1) 잉글랜드의 종교개혁

(1) 오락가락 헨리 8세

잉글랜드의 종교개혁은 스코틀랜드보다 훨씬 먼저 진행되었다. 로마교회의 수호자로 자처하던 헨리 8세는 정략결혼에 의해서 스페인의 공주 캐더린과 결혼했었다. 하지만 앤 볼레인을 사랑하게 된 그는 캐더린과의 결혼을 무효화하고 앤 볼레인과 결혼하기를 원했다. 하지만 로마교황이 이를 허락하지 않자 로마교회와의 관계를 단절하고 종교개혁 사상을 받아들였다. 그 과정에서 토마스 크롬웰(Thomas Cromwell)의 역할이 컸다. 그는 1533년 켄터베리 대주교가 된 후 헨리 8세와 캐더린의 결혼

---

[83] 법적으로는 이렇게 규정했지만 실제로는 1581년에 13개 노회, 1593년에 가서 47개 노회가 구성되었다. 김중락, 『스코틀랜드종교개혁사』, 180.

이 무효임을 선언하고 앤 볼레인을 새 왕비로 선언했다.

헨리 8세는 1536년 종교개혁 신앙에 입각한 "10개 신조"(Ten Articles)를 발표했다. 하지만 1539년 로마교회를 지지하던 프랑스와 스페인이 연합해서 영국을 침공할 위협이 현실화 되자 종교개혁 신앙을 버리고 로마교회의 신학으로 회귀하는 "6개 신조"(Six Articles)를 발표했다. 이로서 성찬 신학은 화체설로 돌아갔고, 성찬식에서 떡만 허용되고 잔은 금지되었다. 영어 성경 번역을 금지하는 것은 물론 성직자들의 결혼까지도 금하는 조치가 취해졌다. 그동안 신임 받았던 크랜머가 체포되어 이단죄로 사형에 처해졌다(1540).

(2) 에드워드 6세 vs. 메리 튜더

헨리 8세가 죽고(1547) 왕위에 오른 에드워드 6세는 "6개 신조"를 폐기하고 개혁신앙에 입각한 정책을 다시 펴 나갔다. 성경 번역이 다시 허락되었고 성찬에서 떡과 잔이 모두 허락되었다. 교회에서 성상과 성화를 제거하도록 명령했고 사제들의 결혼도 허락되었다. 1549년에는 "일치령"(Act of Uniformity)을 발표하여 크랜머가 만든 "공동 기도서"를 잉글랜드 모든 교회가 따라야할 공식 예식서로 선포했다. 1552년에는 존 낙스를 비롯한 6명의 개혁파 신학자들이 만든 "42개 신조"(Forty-two Articles)를 발표했다. 물론, 에드워즈 6세 가 죽은 후 메리 튜더(1553-1558)가 집권한 기간 동안에는 혹독한 박해기가 있었다. 수많은 종교개혁자들이 유럽으로 망명했다.[84]

---

84 윌리스턴 워커, 『기독교교회사』, 551.

(3) 엘리자베스 여왕

종교개혁자들에 대한 메리 여왕의 혹독한 박해가 끝나고 종교개혁 신앙을 가진 엘리자베스 1세(1558-1603)가 집권하자 유럽으로 망명했던 많은 개혁자들이 잉글랜드로 다시 돌아왔다. 하지만 엘리자베스 여왕의 정책은 이들이 바라는 개혁에 못 미쳤다. 잉글랜드 안에는 로마교회 지지자들도 있고 개혁교회를 지지하는 사람들도 있었기 때문에 엘리자베스는 통치자로서 개혁교회만을 지지하는 것에 부담을 느꼈기 때문이다. 엘리자베스는 잉글랜드 교회의 하나 됨을 위해서 1559년 "통일령"(Act of Uniformity)을 발표했는데 기본적으로 개혁신학의 노선을 따르면서 로마교회와의 거리감을 줄이기 위해서 형식적인 면에서 로마교회의 미사 형태를 많이 수용한 것이었다. 엘리자베스 여왕은 에드워드 6세 시대의 "42개 신조"(Forty-two Articles)를 바탕으로 만든 개혁주의 성향의 "39개 신조"(Thirty-nine Articles)를 발표했다. 하지만 청교도라고 불리는 잉글랜드의 개혁주의자들은 성직자의 제복 착용, 무릎을 꿇고 성찬을 받는 행위, 성호를 긋는 행위, 성화나 성상을 숭배하는 것, 성인의 기념일을 지키는 것 등을 폐지해야 한다고 주장했고 주일을 온전히 지키기 위해서는 도박을 비롯한 각종 오락을 금해야 한다고 주장했다. 이들 청교도들 중에 많은 이들이 장로회 제도를 옹호하는 사람들이었다.

(4) 제임스 1세

엘리자베스 여왕이 죽고 다음 왕위 계승권자는 스코틀랜드의 왕이었던 제임스 6세였다. 제임스 6세는 스코틀랜드의 왕 뿐만 아니라 잉글랜드의 왕을 겸하면서 잉글랜드에서는 제임스 1세로 불렸다. 잉글랜드의 청교도들은 엘리자베스 여왕 시대와 그 뒤를 이은 제임스 1세의 통치기간(1603-1625) 동안 영국교회 안에 개혁교회를 세우는 것은 물론 잉글랜드 개혁교회 안에 장로회 정치 제도를 심기 위해서 많이 노력했다.

하지만 제임스 1세는 "주교가 없으면 왕도 없다."라는 말로 장로교 제도를 주장하는 사람들의 말을 일축했다.[85] 그는 잉글랜드 교회에 장로교 제도를 도입하는 것을 반대하는 것은 물론 이미 장로회 정치 제도가 자리 잡은 스코틀랜드 교회에서도 잉글랜드 국교회와 같은 주교제도를 도입하려고 시도 했다. 왕명으로 스코틀랜드 땅에 주교를 임명함으로써 스코틀랜드 교회에는 노회 제도와 주교가 공존하는 이상한 형태가 되었다. 또 스코틀랜드 교회 총회를 이유 없이 왕명으로 열지 못하게 하기도 했다. 1610년부터 1625년 제임스 1세가 사망할 때까지 15년 동안 스코틀랜드 교회는 2차례 밖에 총회를 열지 못했다.[86] "또 제임스 1세는 스코틀랜드 교회 총회를 이유 없이 왕명으로 열지 못하게 했다. 1610년부터 1625년 제임스 1세가 사망할 때까지 15년 동안 스코틀랜드 교회는 2차례 밖에 총회를 열지 못했다. 그 두 차례 역시도 반장로교적인 제도를 스코틀랜드 교회 안에 주입시키려는 자신의 목적을 위한 것이었다. 1618년 퍼스(Perth)에서 총회를 열었을 때는 5개 조항을 통과시켰는데 1)성찬식 때 무릎 꿇기, 2)사적인 성찬식 허용, 3)사적인 세례 허용, 4)감독에 의한 입교 선언, 5)그리스도의 생애와 관련된 5개의 축일(탄생, 죽음, 부활, 승천, 성령강림)을 준수할 것을 규정한 것이었다.

---

85 김광채, 『근세, 현대교회사』 (기독교문서선교회, 1994), 117; 윌리스턴 워커, 『기독교교회사』, 610.
86 김중락, 『스코틀랜드종교개혁사』, 207.

(5) 찰스 1세와 주교 전쟁

제임스 1세의 뒤를 이어 왕위에 오른 찰스 1세(1625-1649)는 한 술 더 떴다. 잉글랜드와 스코틀랜드는 한 왕이 다스리기 때문에 예배의식도 같아야 한다면서 에드워드 6세 때 크랜머가 만들었고 엘리자베스 1세 때 개정 된 잉글랜드의 "공동 기도서"(Book of Common Prayer)를 스코틀랜드에서도 예식 모범으로 사용할 것을 강요했다(1637). 이것이 스코틀랜드 교회와 의회의 강력한 반발을 샀다. 스코틀랜드는 온 나라가 하나님 앞에서 "국민언약"(National Covenant, 1638)을 맺었다.[87] 이 언약을 통해서 스코틀랜드 국민들은 "스코틀랜드 신앙고백서"와 "제2 치리서"를 중심으로 자신들의 신앙을 분명하게 고백하고 장로회 정치 제도를 하나님이 주신 제도라고 선언했다. 그리고 그것을 방해하는 세력에 대해서는 국왕일 지라도 단호히 저항하겠다고 선언했다. 이 소식을 들은 찰스 1세는 스코틀랜드를 향해 전쟁을 선포하고 잉글랜드 군대를 스코틀랜드로 보냈다. 이에 스코틀랜드는 결사 항전했다. 이것이 찰스 1세와 스코틀랜드 국민들 사이에 벌어진 "제1차 주교전쟁"(the First Bishops' War, 1639)이다. 찰스 1세는 전쟁을 시작했지만 잉글랜드 귀족들의 참여를 이끌어내지 못했고 왕의 직할 부대만을 가지고 전쟁을 치러야 했다. 그 결과 찰스 1세는 전쟁에서 지고 스코틀랜드에 전쟁 배상금을 물어야 할 처지가 되었다.

전쟁 배상금 지불을 위해서 찰스 1세는 잉글랜드 의회를 소집했다. 11년 만에 소집한 의회였다. 하지만 잉글랜드 의회의 대부분은 청교도

---

[87] 김광채, 『근세, 현대교회사』, 123.

들로 구성되어 있었다. 이들은 찰스 1세 보다는 스코틀랜드 장로교회를 지지하는 성향을 가지고 있었다. 그들은 이번 기회에 찰스 1세의 왕권을 꺾는 기회로 삼으려고 했다. 의회가 도움이 안 된다고 판단한 찰스 1세는 3개월 만에 의회를 해산했다. 이것을 우리는 이후에 열리는 의회와 대비해서 "단기의회"(the Short Parliament)라고 부른다. 배상금 지불이 지체되자 이번에는 스코틀랜드가 배상금 지불을 요구하면서 잉글랜드의 뉴캐슬 지역을 점령함으로써 "제2차 주교전쟁"(the Second Bishops' War, 1640)을 일으켰다. 배상금 문제가 해결되지 않으면 절대 물러나지 않겠다고 하면서 찰스 1세를 패스하고 잉글랜드 의회를 향해서 답변을 요구했다.[88]

(6) 장기 의회와 청교도 혁명

다급해진 찰스 1세는 다시 의회를 소집했다. 이제는 자기 맘대로 의회를 해산하지도 못하는 지경에 이르렀다. 1640년 11월에 소집된 잉글랜드 의회는 1648년까지 8년 동안 지속되었다. 그래서 이 의회를 우리는 "장기 의회"(the Long Parliament)라고 부른다. 장기 의회의 구성원들은 장로교 제도를 지지하는 청교도들이 많았기 때문에 스코틀랜드에 주교 제도를 강요한 것이 원인이 되어 일어난 주교 전쟁에 대한 문제를 잘 협상하고 해결할 수 있었다.

의회는 당양한 개혁 법안들을 처리했다. 대표적인 것들을 보면, 지금까지는 왕의 요구로만 열릴 수 있었던 의회를 왕의 요구가 없어도 3년

---

[88] 황희상, 『특강 종교개혁사』 (흑곰북스, 2017), 147.

마다 정기적으로 열리도록 했고, 왕이 마음대로 세금을 거두지 못하게 했다. 또 왕이 마음대로 사람을 잡아다 재판하던 왕립재판소도 폐지했다.[89] 그 뿐만 아니라 왕의 종교 고문이자 런던 주교였던 윌리엄 로오드(William Laud)와 왕의 군사 고문이었던 아일랜드의 스트래포드 백작(Earl of Strafford)인 토마스 웬트워드(Thomas Wentworth)를 투옥하고 그 중 웬트워드를 처형할 것을 요구했다. 그는 아일랜드의 총독을 지낸 사람으로서 아일랜드의 군대를 움직일 수 있는 위협적인 인물이었기 때문이었다. 결국 웬트워드는 1641년 5월 의회의 결의로 처형되었다.

웬트워드가 처형 된 뒤 5개월 후인 1641년 10월 아일랜드에서 반란이 일어났다. 아일랜드는 전통적으로 로마 교황주의 신앙을 가진 사람들이었다. 에드워즈 6세와 엘리자베스 여왕 때 개혁신앙을 강요받았을 때도 완강히 저항했었다. 아일랜드 북부 얼스터 지방에는 스코틀랜드와 잉글랜드에서 이주한 개혁신앙 소유자들이 정착해 살고 있었는데 이들과 아일랜드 사람들 사이에 끊임없는 분쟁이 있어왔다. 그 분쟁이 웬트워드의 처형 이후 크게 폭발했다. 아일랜드 사람이 잉글랜드와 스코틀랜드 출신 개혁주의 신앙인들을 학살하는 일이 일어난 것이다.

찰스 1세는 반란을 진압을 목적으로 아일랜드에 군대를 파견하겠다면서 그에 대한 예산을 의회에 요구했다. 이에 대한 답변으로 의회는 찰스 1세에게 크게 3가지 조건이 담긴 "대항변서"(Great Remonstrance)를 제출했다. 첫째, 조직된 군대의 지휘권을 의회가 갖겠다는 것이었다. 왕이 군대를 장악할 경우 무력을 사용해서 의회를 해산 시킬 수 있다는 있다

---
[89] 황희상, 『특강 종교개혁사』, 149.

는 우려 때문이었다.[90] 더 나아가서 개혁 신앙에 대한 자유를 보장할 것을 요구했다. 그리고 마지막으로 잉글랜드의 교회의 주교 제도를 폐지하고 그 대신 장로회 제도를 도입할 것을 요구했다. 의회는 이 항변서를 왕에게 제출한 그 다음날부터 잉글랜드 교회의 주교들을 체포하여 감옥에 가두기 시작했다. 주교 제도의 폐지는 요청이 아니라 통보인 셈이었다.

이에 반발한 찰스 1세는 400여명의 근위병을 이끌고 의사당에 난입했다. 이 문제를 모의하고 주동한 몇 명의 의원만 제거하면 문제가 간단히 해결 될 것이라고 생각했기 때문이다. 문제는 그렇게 간단하지 않았다. 왕이 군대를 동원해 무력으로 의회를 제압하려고 했다는 사실로 국민들이 분노했고 도심 곳곳에서 이에 항의하는 시위가 일어났다. 신변의 위협을 느낀 찰스 1세는 결국 에든버러를 떠나 요크로 몸을 피했다. 요크는 당시 잉글랜드 제2의 도시로 왕을 지지하는 보수적인 성향이 매우 강한 곳이었다. 찰스 1세는 그곳에서 지지자들의 도움을 받아 군대를 확충하고 의회 군과의 본격적인 전쟁에 들어갔다. 이것이 "영국 내란"(the English Civil War) 이다.[91]

2) 웨스트민스터 총회(Westminster Assembly)

(1) 웨스트민스터 총회의 소집과 경과

주교제도를 폐지를 결의한 잉글랜드 의회는 새로운 교회 제도를 확정짓기 위해서 웨스트민스터에서 교회 회의를 소집했다. 목회자 121명,

---

90 김광채, 『근세, 현대교회사』, 128.
91 청교도 입장에서는 "청교도 혁명"(Puritan Revolution)이라고 부르기도 한다.

상원 의원 10명, 하원 의원 20명 도합 151명이 회원 자격을 부여받고 1643년 7월 1일 첫 모임을 가졌다.

회의가 열린지 한 달여가 지난 8월 17일 잉글랜드 의회와 스코틀랜드 의회 사이에 "엄숙 동맹과 언약"(Solemn League and Covenant)이 채결되었다.[92] 한 왕이 다스리는 두 나라로서 잉글랜드와 스코틀랜드가 어떻게 조화와 균형을 이룰 것인가에 대해서 서로간의 협의를 한 것이다. 찰스 1세와 대립각을 세우고 싸우고 있던 잉글랜드 의회의 입장에서는 정치적으로 스코틀랜드의 의회와의 동맹이 절실했다. 엄숙 동맹과 언약의 핵심 내용 가운데 잉글랜드와 스코틀랜드는 개혁신앙을 따르는 한 종교를 채택한다는 내용이 포함되어 있었다. 그것에 근거해서 잉글랜드의 종교제도를 확립하는 웨스트민스터 총회에 스코틀랜드 교회의 대표들이 참관 자격을 얻었다. 그래서 스코틀랜드 교회의 목사 5명과 장로 3명이 최종 투표권만 없을 뿐 회의 전 과정에 자유롭게 참여 하여 자기 의견을 내며 토론할 수 있는 언권회원으로 참석했다.

스코틀랜드 의회는 이미 "스코트랜드 신앙 고백서"(1560)와 "제1 치리서"(1561) 그리고 "제2 치리서"(1578)를 통과시킴으로서 장로교 제도를 스코틀랜드 안에 정착시킨 상태였다. 스코틀랜드 대표들은 웨스트민스터 총회장 안에서 잉글랜드 교회가 신앙고백서를 만드는 것뿐만 아니라 장로회 정치 제도를 도입하는 일에도 많은 영향을 끼쳤다.

웨스트민스터 총회는 이날부터 5년 7개월 22일 동안 지속되었다. 주일만 빼고 거의 매일 모였다. 오전에는 예배와 기도를 포함한 전체 회의

---

[92] 배광식, 『장로교 정치 사상사』 (이레서원, 2010), 152.

를 가졌다. 오후에는 위원회별로 분과 모임을 통해서 위원회에 맡겨진 내용을 토의하고 문안을 확정하는 작업을 했다. 저녁 시간에는 개인적인 성경 묵상, 회의 준비나 진행에 필요한 비교적 사적인 토론이나 스터디 및 저술 활동을 했다.[93]

1644년 "웨스트민스터 예배 모범"(a Directory for Public Worship of God)이 제일 먼저 만들어지고 채택되었다. 그로 인해서 지금까지 사용하던 공동기도서는 자동 폐지되었다. 1646년 말 "웨스트민스터 신앙고백"(Westminster Confession of Faith)의 문구가 확정되어 회의에 상정되었다. 하지만 거듭되는 토론으로 시간이 지체되었다. 웨스트민스터 신앙고백서의 내용에 대해서 토론하고 있는 기간 동안에 "웨스트민스터 대요리 문답"(Westminster Larger Catechism)과 "웨스트민스터 소요리 문답"(Westminster Shorter Catechism)의 문구도 확정되었고 웨스트민스터 신앙고백서에 이어 1648년에 채택되었다.[94]

재미있는 것은 잉글랜드 의회에서 웨스트민스터 신앙고백서에 대한 토론이 계속되고 있는 사이에 오히려 스코틀랜드 대표들은 웨스트민스터 신앙고백서와 대·소요리문답을 스코틀랜드로 가져가서 스코틀랜드 의회에 상정했고 잉글랜드 의회보다 1년 먼저 그것을 받아들이기로 결의하고 그동안 자신들이 사용해 오던 스코틀랜드 신앙고백서를 대치했다는 것이다(1647년 8월).

---

93 황희상, 『특강 종교개혁사』, 170.
94 배광식, 『장로교 정치 사상사』, 152.

(2) 장로회 정치 제도의 확립

잉글랜드 교회 안에 장로회 제도를 도입하는 문제는 독립파 청교도들의 이견으로 오랫동안 토론이 이어졌다. 독립파들은 장로회 제도 역시 개 교회의 자유를 억압하는 것에서 주교제도와 크게 다르지 않을 것이라고 우려했기 때문이다. 그래서 독립파 청교도들은 장로회 제도의 도입을 반대하면서 개 교회의 독립이 완전히 보장되는 자유 정치 형태를 수용할 것을 주장했다. 하지만 오랜 진통 끝에 잉글랜드 교회는 장로회 정치 제도를 채택할 수밖에 없었다.

잉글랜드 의회와 스코틀랜드 의회는 찰스 1세에 대항하기 위해서 "엄숙 동맹과 언약"(1643)을 맺으면서 서로 함께 같은 종교를 채택할 것을 선언했다. 그것은 단순히 개혁주의 신앙고백만을 함께 한다는 것이 아니라 예배 형식과 교회 정치 형태에 있어서도 일치를 이룬다는 선언이었다. 특히, 공동의 적이었던 찰스 1세가 스코틀랜드에까지 주교 제도를 도입해서 교회를 통제하고 다스리려고 했던 것에 저항한 스코틀랜드 교회가 이미 장로회 제도를 세우고 정착시켰기 때문에 주교제도를 폐지한 잉글랜드 역시 스코틀랜드와 같은 장로회 제도를 채택하는 것은 너무도 당연한 수순이었다.[95] 하지만 장로회 제도에 대한 우려를 나타내는 독립파 청교도들이 있었기 때문에 총회는 그들의 의견을 듣고 또 그들을 설득하면서 많은 시간을 참고 인내했다. 그 토론 과정에는 거듭되는 성경 주해와 토론이 있었다.[96] 서로의 주장을 성경 말씀과 그 해석에 근거해서 토론한 것이다. 결국 장로회 제도가 가장 성경적인 제도라는 것

---

95 배광식, 『장로교 정치 사상사』, 156.
96 황희상, 『특강 종교개혁사』, 224.

이 총회 회원들에게 인정을 받았다.

그 결과 웨스트민스터 총회는 1645년 잉글랜드 교회의 정치 형태를 규정하는 문서인 "장로회 정치 제도"(the Form of Presbyterial Church-Government)를 채택했다. 그 문서의 원 제목은 아래와 같이 매우 긴 형태였다. 그 제목에서 우리는 웨스트민스터 장로회 정치 제도가 추구하는 바가 무엇인지를 가늠해 볼 수 있다.

> The Form of Presbyterial Church-Government and of Ordination of Ministers; agreed upon by the assembly of divines at Westminster, with the assistance of commissioners from the Church of Scotland, as a part of the covenanted uniformity in religion between the churches of Christ in the kingdoms of Scotland, England, and Ireland.[97]
> 장로교회 정부의 형태와 목사 안수의 형태; 스코틀랜드와 잉글랜드와 아일랜드에 있는 그리스도의 교회들 사이에 종교에 관해 언약된 통일성의 한 부분으로써 스코틀랜드 교회 총대들의 도움을 받아 웨스트민스터 목사들의 총회에서 승인된 것.

위의 제목을 통해서 우리는 웨스트민스터 총회가 장로회 정치 제도를 만들면서 두 가지 핵심적인 내용을 염두에 두었다는 것을 알 수 있다. 첫 번째는 치리회적인 교회 통치다. 위에서 Presbyterial Church-

---

[97] 전문을 보기 원하면 다음을 참조하라. 〈http://www.stgeorgespcea.org.au/docs/wes_pres.html〉.

Government를 "장로교회 정부"라고 번역했지만 여기서 Presbyterial Church-Government라는 말은 대표자들의 회의체를 통해 통치되는 치리회적인 교회 통치를 의미하는 말이다. 쉽게 이야기하면 교회는 "프레스바이터"(Presbyter)라고 불리는 교회의 직원을 교인들의 뜻에 의하여 선출하고, 선출된 교회의 직원들인 "프레스바이터"들이 치리회를 구성하여 그 치리회가 교회를 다스리는 것이다. 여기서 "프레스바이터"는 우리가 알고 있는 목사와 장로를 의미한다. 이전 제도들이 교황이나 감독이니 주교 같은 한 개인에 의해서 다스려졌던 것과는 달리 치리회라고 불리는 회의체에게 의사 결정권이 주어지도록 한 것이 "웨스트민스터 장로회 정치 제도"의 가장 큰 특징이었다.[98] 치리회로는 개교회의 목사와 장로가 함께 구성하는 당회, 한 지역의 여러 교회들로부터 파송 받은 대표들로 구성되는 노회, 새로운 목사 안수를 위해 목사들로 구성된 준노회, 그리고 각 노회로부터 파송 받은 목사들과 장로들로 구성된 총회를 규정했다.

또 두 번째는 "목사 장립"(Ordination of Ministers)에 대한 강조점이다. 물론 "웨스트민스터 장로회 정치 제도" 안에서 목사 외에도 교사, 장로, 집사가 교회에 항상 있어야 하는 항존직으로 규정되었다. 그리고 그 직분의 장립에 대한 문제들도 언급하고 있다. 하지만 다른 직분들에 비해서 목사의 장립에 대해서 더 큰 비중을 두고 있는 것이 사실이다. 이것은 주님께서 교회를 세우시고 말씀의 전파와 성례의 시행을 명령하셨는데 그것에 대해서 책임을 지고 시행해 나갈 직분이 목사이기 때문이었다.

---

98 배광식, 『장로교 정치 사상사』, 158.

(3) 웨스트민스터 총회 결의의 효력 상실

그런데 아이러니 하게도 잉글랜드는 웨스트민스터 총회에서 결의한 모든 것을 6개월 만에 버렸다. 5년 7개월 22일 동안 수많은 사람들이 모여서 그렇게 힘들게 고생해서 만든 아름다운 결과물이 6개월 만에 무용지물이 되었다는 것은 정말 황당한 일이 아닐 수 없다. 그런데 그런 일이 실제로 이루어졌다. 어떻게 그런 일이 있을 수 있는지 그 과정을 짧게 살펴보자.

웨스트민스터 총회를 통해서 잉글랜드 교회 안에 장로회 제도가 확정되었다. 긴 회의 과정을 통해서 토론하고 설득하는 노력을 했지만 독립파의 불만이 완전히 사그라지지는 않았다. 그들은 총회에서 결의한 것에 대한 반대를 표시하는 팜플렛을 만들어서 의회에 제출했다. 자신들이 소수의 의견이라는 이유로 일방적으로 무시되었다고 주장했다. 이들의 주장은 의회군의 최고 지도자였던 크롬웰의 지지를 얻었다. 크롬웰은 청교도적 신앙을 가지고 있었지만 독립파(Independents)를 지지하는 사람이었다. 크롬웰은 왕정의 존속을 반대했을 뿐 아니라 종교에 있어서도 어떤 형태로든 국가의 통제를 받는 국가교회라는 개념을 반대했다. 그는 모든 사람이 교파를 초월하여 자신의 신앙 양심에 따라 자유로운 종교 생활을 할 수 있어야 한다고 생각했다.

웨스트민스터 총회가 개회 될 당시의 잉글랜드의 정치적인 상황은 잉글랜드 의회 군과 찰스 1세의 군대 사이에 내전이 발발하여 심화되고 있는 상황이었다. 내전 초기에는 의회군 보다 찰스 1세의 군대가 더 전력적인 우위에 있었다. 그런데 1642년 의원이었던 올리버 크롬웰(Oliver Cromwell)이 의회군의 지도자가 되어 "철기군"(Iron Sides) 라고 불리는 철

갑기병대를 이끌고 신출귀몰한 전과를 내기 시작하면서 전세는 점점 역전되기 시작했다. 의회 군이 1645년 신형군(New Model Army)을 창설하고 네이스비(Naseby)에서 찰스 1세의 군대를 크게 격파했다. 결국 찰스 1세는 그 패배를 회복하지 못하고 1646년 스코틀랜드 군에 투항했다. 그 후 찰스 1세는 잉글랜드 의회에 넘겨져 연금 상태에 들어갔다. 의회 군이 찰스 1세의 군대에 완전한 승리를 거둔 후 의회군 지도자였던 크롬웰의 위상은 점점 더 막강해졌다.

크롬웰과 그의 군대는 잉글랜드에서 장로교 제도가 국가 교회 제도로 정착하는 것을 반대하고 광범위한 신앙의 자유를 요구했다.[99] 크롬웰과 의회군의 이런 태도는 의회에서 이미 확정된 장로교정치 형태가 잉글랜드 국가교회의 시스템으로 완전하게 정착하는 것을 방해했다. 그뿐 아니라 스코틀랜드 국민들 사이에서도 장로교 제도가 폐지될지 모른다는 불안감이 커져갔다.

그런데 설상가상으로 연금 상태에 있던 찰스 1세가 1647년 11월 탈출했다. 찰스 1세는 스코틀랜드 장로교회를 국민교회로 인정해 주겠다고 약속하면서 자신의 왕권의 회복을 도와줄 것을 스코틀랜드에 요청했다. 크롬웰이 이끄는 잉글랜드 의회군에 위협을 느낀 스코틀랜드는 찰스 1세와 손을 잡았고 스코틀랜드 군대가 1648년 8월 17일 크롬웰의 군대를 공격하기에 이르렀다. 하지만 스코틀랜드 군대는 크롬웰의 군대에 크게 패하고 물러났다. 그리고 이 사건은 크롬웰을 자극해 극단적인 행동을 하도록 만들었다.

---

[99] 윌리스턴 워커, 『기독교교회사』, 618.

크롬웰은 군부의 힘을 이용해서 1648년 12월 의회 안에서 대대적인 숙청을 단행했다. 왕정을 유지하기 원하는 세력들과 잉글랜드 교회를 통일된 국가교회 체제로 유지하면서 장로회 제도를 도입하기를 원하는 세력들은 모두 축출되었다. 숙청에서 살아남은 의원들은 모두 왕정을 반대하는 독립파 청교도에 속하는 의원들이었다. 이들로 의회가 유지되기는 했지만 사실상 기존의 장기의회는 해산된 것과 다름이 없었다. 그래서 이때부터 잉글랜드 의회는 "잔부의회"(Rump Parliament) 라고 불리게 되었다. 잔부의회는 찰스 1세 처형을 결의했고 웨스트민스터 총회가 지금까지 결의한 모든 것에 대한 법적 효력을 정지시켰다. 1649년 1월 30일 찰스 1세가 단두대에서 처형되고 잉글랜드의 왕정은 폐지되었다. 크롬웰이 장로교 제도의 도입을 반대한 것은 종교의 자유를 실현하기 위한 명목이었다. 그런데 그 목적을 이루기 위해서 그는 강압과 무력을 사용하는 모순적인 행동을 한 것이다.[100]

크롬웰의 군부 세력이 너무 커지자 잔부의회도 크롬웰을 견제하기 시작했다. 그러자 크롬웰은 1653년 4월 잔부의회 마저도 해산시켰다. 그리고 자신을 지지하는 사람들로만 구성된 회의체인 거룩한 자들의 의회(Parliament of the Saints)를 만들어 자신을 호국경(Lord Protector)이라고 칭하며 군사적 권위와 무력을 앞세워 강력한 독제를 실시했다.

(4) 찰스 2세의 왕정 복구

올리버 크롬웰은 독재자였지만 유능했고 냉정하고 잔혹한 통치자였

---

100 김광채, 『근세, 현대교회사』, 137.

지만 사리사욕에 치우치지 않는 비교적 양심적인 통치를 했다.[101] 그래서인지 그의 무력 독재에 불만이 있는 사람들이 많았지만 그의 생전에는 그 불만이 밖으로 크게 표출 되지는 않았다. 하지만 올리버 크롬웰이 죽고 그의 아들 리차드 크롬웰(Richard Cromwell)이 호국경이 되었을 때는 상황이 완전히 달라졌다. 리차드 크롬웰에게서는 아버지처럼 강력한 통치력이나 정치적인 유능함은 전혀 찾아볼 수 없었다. 그는 전형적인 무능력한 통치자의 모습을 보여줬다. 그의 통치 기간 동안 국가는 무정부 상태라고 해도 과언이 아닐 정도로 혼란에 빠졌다. 그는 군부 세력과도 마찰을 빚었다. 그러자 그동안 숨죽이고 있던 왕정 복구 세력들이 그 틈을 타서 꿈틀대기 시작했고 이들은 장로교 지지자들과 정치적인 손을 잡고 찰스 2세를 왕으로 추대하여 잉글랜드 왕정을 복고했다. 결국 리차드 크롬웰은 프랑스로 망명해 생을 마감할 때까지 은둔 했다.

왕정 복구에 동참하면서 장로교 지지자들은 다시 잉글랜드 교회에 웨스트민스터 총회 결의에 따른 장로교 제도가 복구될 것을 내심 기대했다. 하지만 런던에 입성한 찰스 2세는 그들의 기대를 저버렸다. 찰스 2세가 집권한 후 열린 첫 번째 의회는 장로교 지지자들의 의견을 철저히 외면했고 웨스트민스터 총회 이전의 기도서를 수정하여 새로운 통일령(Act of Uniformity)을 발표했다.[102] 잉글랜드 교회는 감독제로 회귀했고 모든 목회자는 이 통일령에 따르겠다고 서명해야만 했다. 또 통일령에서 규정한 것과 다른 예배 형식을 사용하여 예배하면 무거운 벌금형에 처했다. 장로교 지지자는 물론 독립파 목사들까지 1,800여 명의 목사들

---

101 월리스턴 워커, 『기독교교회사』, 619.
102 월리스턴 워커, 『기독교교회사』, 619.

이 새로운 통일령에 서명하지 않았다. 이들은 더 이상 국가로부터 목사로 인정받을 수 없었다. 하지만 이들은 지하로 숨어들어서 비밀리에 예배를 드리며 제도권 밖의 교회를 형성했다. 그러자 찰스 2세는 비밀 집회법(First Conventicle Act, 1664)을 제정해서 가족이 아닌 5명 이상의 사람이 모여서 통일령에 어긋나는 예배를 드리는 경우는 벌금 뿐 아니라 감금, 추방 등 강력한 형벌을 가하도록 했다.[103] 이로서 찰스 2세 때 수많은 청교도들이 감옥 생활을 했다. 그중 우리에게 가장 유명한 사람이 존 번연(John Bunyan)이다. 12년(1660-72년) 동안 감옥 생활을 하면서 기독교 고전으로 유명한 "천로역정"(Th Pilgrim's Progress)을 저술했다. 이렇게 잉글랜드 교회 안에서 장로교 제도는 요원해졌고 잉글랜드 교회는 감독제를 기초로 하는 국교회를 세워나갔다. 이것은 오늘날 성공회로 이어졌다.

6. 미국 장로교회의 설립

잉글랜드에서는 웨스트민스터 총회의 귀한 결정이 6개월 만에 무용지물이 되어버렸다. 하지만 우리 신앙의 선배들이 웨스트민스터 총회를 통해서 수고하여 결실을 맺은 것은 가치 없이 사라지지 않았다. 찰스 2세의 박해 아래서 많은 청교도들이 자유로운 신앙생활을 하기 위해서 아메리카 신대륙으로 이주하기 시작했다. 신대륙으로 이주한 청교도들은 자신들이 정착한 곳에서 자신들이 원하는 형태의 교회를 세웠다. 이

---

[103] 윌리스턴 워커, 『기독교교회사』, 620.

주한 사람들은 저마다 교회를 세웠기 때문에 처음 아메리카 대륙의 교회들은 회중교회 형태로 세워질 수밖에 없었다. 하지만 이들 가운데는 장로교 제도를 지지하는 사람들이 많았다. 그리고 미국 장로교 안에 노회, 대회, 총회의 조직이 생겨나면서 자연스럽게 웨스트민스터 신앙고백서와 장로교 정치 제도를 그대로 수용했다.

1) 웨스트민스터 총회 이전의 아메리카 식민지 개척

(1) 프랑스, 스페인, 영국의 신대륙 개척의 시작

아메리카 대륙에 유럽의 식민지가 건설된 것은 잉글랜드에서 웨스트민스터 총회가 있기 거의 100년 전부터다. 프랑스는 1564년 플로리다에 포트 캐롤라인(Fort Caroline) 건설을 시작으로 식민지 건설에 뛰어들었다. 프랑스 식민지를 건설한 것은 위그노라고 불리는 칼빈주의 신앙을 가진 사람들이었다. 스페인은 프랑스보다 한 해 늦게 포트 캐롤라인 근처에 세인트 어거스틴(St. Augustine)을 건설했다. 스페인 식민지 건설의 주역은 로마교회의 수도사들인 예수회와 프란체스코 수도회였다. 이들은 자신들이 건설한 도시 인근에 프랑스식민지가 있는 것도 싫었지만 칼빈주의자들인 위그노들이 세력을 형성하는 것이 더욱 싫었다. 그래서 그들은 프랑스 식민지인 포트 캐롤라인을 공격해 위그노들을 학살했다. 이에 프랑스는 플로리다 지역을 포기하고 북쪽으로 이동해 오늘날의 캐나다 지역에 식민지를 개척하는데 주력했다.

영국은 1584년 월터 롤리 경(Sir Walter Raleigh)이 버지니아 컴퍼니

(Virginia Company)[104]를 설립하면서 아메리카 식민지 개척에 본격적으로 나섰다. 프랑스나 스페인에비해서 20년이나 늦은 것이었다. 하지만 아메리카 땅에서의 식민지 개척에 주도적인 역할을 한 것은 영국이었다. 월터 롤리 경은 1607년 버지니아에 식민 도시를 건설하고 제임스 1세 (James I, 1603-1625)에게 헌정하면서 "제임스타운"(Jamestown)이라고 명명했다. 그리고 제임스타운의 첫 교회로 영국 국교회 교회를 세웠다. 버지니아 컴퍼니의 사목이었던 로버트 헌트(Robert Hunt)가 예배를 인도했다. 하지만 영국 국교회는 그곳에서 전혀 성장할 수 없었다. 왜냐하면 식민지 건설 초기부터 아메리카 대륙으로 이주해간 영국인들은 대다수가 청교도 신앙을 가진 사람들이었기 때문이다.[105]

(2) 메이플라워 계약(Mayflower Compact)

뉴잉글랜드 식민지를 개척한 것은 1620년 메이플라워(Mayflower)호를 타고 신앙의 자유를 찾아 대서양을 건너간 영국의 청교도들이었다. 그들과 그들의 후손들을 우리는 "나그네" 또는 "순례자"라는 뜻을 가진 "필그림"(Pilgrim)이라고 부른다. 그리고 메이플라워를 타고 뉴잉글랜드에 정착한 사람들을 "필그림의 선조들"(the Pilgrims Fathers)이라고 부른다.

---

[104] 영국의 식미지 개척은 나라가 주도한 것이 아니라 일종의 무역 회사 주도로 이루어졌다. 우리가 잘 아는 "동인도 회사"(British East India Company)도 동양무역 독점권을 가진 회사로 시작했지만 영국의 아시아 식민지 개척을 주도했다. "버지니아 컴퍼니"(Virginia Company)라는 이름은 여왕에 대한 존경과 애정을 표현한 것이었다. 엘리자베스 여왕은 평생 결혼하지 않고 독신으로 지내면서 많은 남자들의 우상이 되었고 "순결한 여왕"(the Virgin Queen)이라는 별명을 가지고 있었다. 영국이 아메리카 대륙에 처음 개척한 식민지주도 "버지니아"로 이름 지어졌다.

[105] 미국이 독립할 때까지 영국 국교회는 아메리카 대륙 식민지에 단 한 명의 상주감독도 파견하지 않았다. 김광채, 『근세·현대교회사』, 184.

이들은 웨스트민스터 총회보다 훨씬 먼저 엘리자베스 여왕과 제임스 1세 제위 기간에 신앙의 자유를 찾아 네덜란드로 망명했던 사람들로 청교도 중에서도 회중파에 속했던 사람들이 많았다. 이들은 네덜란드에서 1620년 7월 22일 스피드웰(Speedwell)호를 타고 영국 남해안의 플리머스(Plymouth)에 9월 16일 도착했고 영국에 있던 다른 회중파 청교도들과 합류하여 총 120명이 메이플라워(Mayflower)호를 타고 대서양을 횡단해 11월 9일 매사츄세스(Massachusetts)에 있는 케이프 코드(Cape Cod)에 닻을 내렸다. 곧 이어 케이프 코드 만(Cape Cod Bay) 안쪽에 있는 지역으로 이동하여 그곳의 이름을 자신들이 떠나온 영국 지명을 따라서 플리머스(Plymouth)로 명명했다. 1620년 영국을 출발했던 120명 중에서 이듬해 1621년 봄까지 생존한 사람은 그 절반을 넘지 못했다. 그만큼 대서양을 건너는 항해와 낯선 땅에서의 정착은 쉽지 않았다.

필그림 선조들은 새로운 땅에 도착해서 교회를 세우고 사회 제도를 만들어 나갔다. 여기에는 그들의 신앙의 특성인 회중주의(Congregationalism)와 계약사상(Covenant Theology)이 크게 작용했다. 이들은 자신들의 신대륙 행을 구약성경의 출애굽과 같은 것이라고 생각했다. 유럽과 영국은 하나님을 제대로 섬길 수 없는 곳이라는 의미에서 이집트와 같은 곳이었다. 아메리카 대륙은 하나님께서 자신들과 후손들에게 주신 가나안 땅과 같은 약속의 땅이라고 믿었다.[106] 다시 말하면, 필그림 조상들은 자신들을 일종의 출애굽 신앙공동체로 보았다고 말할 수

---

[106] 어쩌면 이런 계약 신학에 근거해서 마치 이스라엘 백성이 하나님을 알지 못하는 가나안 족속들을 진멸했던 것처럼 자신들도 하나님을 알지 못하는 아메리카 인디언들을 잔혹하게 정벌하는 것을 합리화 했을 것이다.

있다.[107] 그래서 초기 공동체는 교회를 중심으로 한 신정정치(theocratia / theocracy)를 지향했다. 따라서 매사추세츠에서는 1833년까지 회중교회 이외의 다른 교파의 교회나 다른 종교의 자유는 전혀 허락되지 않았다. 이것은 그들이 케이프 코드에 도착한 직후 아메리카 대륙에 상륙하기 전 메이플라워호 선상에서 하나의 정치공동체를 이룰 것을 계약했기 때문에 가능한 것이었다.[108] 이 계약을 우리는 "메이플라워 계약"(Mayflower Compact)이라고 부른다.

(3) 뉴잉글랜드 식민지

"뉴잉글랜드"라는 명칭은 잉글랜드에 의해서 아메리카 대륙에 생겨난 식민지국가라는 의미에서 붙여진 이름이다. 매사추세츠(Massachusetts, 1620)에 이어서 뉴햄프셔(New Hapshire, 123), 코네티컷(Connecticut, 1635)이 식민지 국가로 개척되었다.[109] 이들은 모두 회중파 청교도들에 의해서 건설된 곳으로 교회와 국가가 구분되지 않고 혼합된 정교일치 형태의 식민지였다.[110] 그렇기 때문에 회중교회 외에 다른 교회나 종교가 이 영토 안에서 절대 허락 되지 않았다. 이들은 모두 자유와 평등의 가치를 존중하는 민주헌법을 만들었지만 국가의 구성원은 회중교회 교인으로 제한했다. 오늘날의 시각으로 보면 이들의 획일주의적 태도나 불관용적인

---

[107] 김광채, 『근세·현대교회사』, 185.
[108] Sydney E. Ahlstrom, *A Religious History of the American People* (New Haven and London;: Yale University Press, 1972), 136-7.
[109] 이 4개의 주들을 통칭하여 뉴 잉글랜드(New England)라고도 부른다. 후에 뉴잉글랜드는 버몬트, 메인까지 포함해서 6개의 주를 지칭하는 이름이 된다.
[110] 김광채, 『근세·현대교회사』, 190.

태도를 비판할 수 있다. 하지만 이들이 아메리카 대륙으로 이주해온 목적을 생각하면 이들의 그런 태도를 비난할 수만도 없다. 그들은 자신들이 가진 청교도적 신앙의 순수성을 지키기 위해서 목숨을 걸고 새로운 땅에 건너왔다. 따라서 자신들이 목숨보다 더 소중히 여겼던 청교도적 순수성을 그 땅에 정착시키고 유지하기 위해서 정치적인 제도를 활용하는 것은 당연하다고 생각했다.

뉴잉글랜드의 획일적인 종교정책에 불만을 품은 사람들이 이 3개의 주에서 이탈해 나와서 건설한 식민지 국가가 로드아일랜드(Rhode Island, 1636)였다. 뉴잉글랜드의 획일주의적 종교정책에 가장 거세게 반대했던 사람은 청교도 목사였던 로저 윌리엄스(Roger Williams)였다. 매사추세스로부터 추방된 윌리엄스는 1636년 남쪽으로 이주하여 인디언들에게서 땅을 구입하고 그들의 도움을 받아 프로비던스(Providence)라는 마을을 건설하였다. 그는 프로비던스 주민들에게 완전한 종교적 자유를 허용함으로서 종교적 관용주의를 실천하고자 노력했다. 심지어는 여성의 설교권을 주장하는 앤 허친슨 같은 당시로서는 상당히 급진적인 종교 신념을 가진 사람이나 예수님을 메시아로 인정하지 않는 유대인들까지도 가리지 않고 그 땅의 주민으로 다 포용했다. 나아가서 인디언의 종교도 자유롭게 믿을 수 있도록 했을 뿐 아니라 인디언의 종교에도 구원의 가능성이 있다고 말함으로써 종교다원주의를 추구했다.

메릴랜드(Maryland)는 교황주의자인 볼티모어 경 레너드 갤버트(Leonard Calvert, Lord Baltimore, 1606-47)가 1634년 건설했다. 메릴랜드는 "마리아의 땅"이라는 뜻으로 교황주의 냄새가 물씬 풍겨난다. 하지만 신대륙 이민자들 가운데 로마교회 신자들이 극소수였기 때문에 그들만으로 마을을 건설하는 것은 불가능했다. 결국 노동력 확보를 위해서 청교도들도 메릴랜드 안에서는 자유로운 신앙생활을 할 수 있도록 보장해야만 했다. 그런데 시간이 지남에 따라 청교도들이 수적으로 우세해 지기 시작했고 청교도들이 1688년 정치권을 장악하면서 부터는 교황주의자들이 메릴랜드 안에서 도리어 종교적인 불이익을 당하게 되었다. 개혁신앙의 소지자들은 교파를 따지지 않고 자유로운 신앙생활을 할 수 있었고 차별받지 않았다.

(4) 퀘이커교도의 뉴저지와 펜실베니아 정착

청교도적인 전통을 가진 가난한 영국 가정에서 태어나고 자란 조지 폭스(George Fox)는 퀘이커의 창시자가 되었다. 22살이던 1646년 예배 중에 온 몸이 전율하는 신비적인 체험을 했다. 그리고 이듬해 "친구들의 모임"(Society of Friends)이라는 종교단체를 조직했다. 이들은 성령의 임재를 기다리며 침묵 예배(silent worship)를 드렸고 성령의 임재를 체험하면 몸을 부들부들 떨었다. 그런 광경을 본 사람들은 이들을 "떠는 자들"이라는 의미로 "퀘이커"(Quakers)라고 불렀다. 침묵 예배 중에 몸이 떨리는 체험을 한 사람은 누구라도 회중들 앞에 나와서 성령이 주시는 말씀을 전했다. 그러다 보니 퀘이커 교도들은 목사의 필요를 느끼지 못했다. 이들은 기존 교회의 찬송, 설교, 성례, 신앙고백 등의 모든 예배 형식을 성령의 자유로운 사역을 방해하는 인간의 고안물이라고 악평했다. 이들은 스스로를 평화주의자로 지칭하면서 군입대를 거부하는 등 영국 사회 안에 물의를 일으켰기 때문에 잉글랜드 정부로부터 핍박을 받았다. 그래서 케이커 교도들 가운 신대륙으로 건너가는 사람들이 생기기 시작했다. 하지만 이들은 신대륙의 청교도들에게도 환영받지 못했다. 퀘이커교도들 중에는 매사추세츠에서 교수형을 당하기도 했다.[111]

윌리엄 펜(William Penn)의 등장은 상황을 바꿔 놓았다. 그는 퀘이커교를 전파하다가 4찰례나 감옥에 갈 정도로 퀘이커교에 열심이었다. 1669년 런던타워에 수감되어 있던 중에 썼던 "십자가 없이는 면류관도 없다."(No Cross, No Crown)은 그의 저작 중에 가장 잘 알려진 책 중에 하나이다. 윌리엄 펜의 아버지는 잉글랜드 해군 장교였는데 찰스 2세의 왕정복구 과정에서 공을 세웠을 뿐 아니라 찰스 2세에게 막대한 재정적인 도움을 주고 그에 대한 채권을 가지고 있었다. 윌리엄 펜은 유산으로 상속받은 그 채권을 가지고 찰스 2세로부터 신대륙의 펜실베니아 땅을 얻어냈다. 그리고 그곳에 퀘이커 교도들과 함께 이주해서 퀘이커 교도들의 도시를 건설했다.

(5) 영국 국교회의 남부 네 개의 식민지

뉴잉글랜드 남부의 4개의 식민지(버지니아, 노스캐롤라이나, 사우스캐롤라이나, 죠지아)는 공식적으로는 영국 국교회를 자신들의 종교로 선포했다. 하지만 영국 국교회에 속한 신자는 대지주를 중심으로 상류층 몇몇 사람이 고작이었다. 그래서 남부 4개 주들은 노동력의 확보를 위해서 다른 종파에 대해서 관대할 수밖에 없었다. 하층 노동자들의 종교는 회중파와 퀘이커교가 많았다.

---

111 1656년 아메리카로 처음 건너 온 이래 1661년까지 5년 동안 매사추세츠 안에서 4명의 퀘이커교도가 교수형을 당했다. 김광채, 『근세·현대교회사』, 194.

2) 웨스트민스터 총회 이후의 청교도들의 이민

1651년 올리버 크롬웰의 박해 아래서 잉글랜드 장로교 지지자들은 감옥에 갇혔을 뿐 아니라 뉴잉글랜드 식민지로 추방되기도 했다. 웨스트민스터 총회에서 결정한 장로교 제도가 크롬웰에 의해서 폐기됐고 왕정이 복구 된 이후에도 찰스 2세와 그의 동생 제임스 2세의 통치 기간 동안 스코틀랜드, 아일랜드[112], 그리고 잉글랜드에서 수많은 장로교 지지자들이 신대륙으로 건너갔다. 이들에 의해서 뉴잉글랜드 지역에 많은 교회들이 세워졌다. 뉴잉글랜드 지역에 최초의 장로교회가 언제 세워졌는지를 말하는 것은 쉽지 않다. 1700년을 전후로 장로교회로 불리는 교회들이 세워졌는데 이들은 오늘날 장로교회처럼 노회 조직 같은 연합체를 형성하지는 않았다. 그렇기 때문에 장로교회라는 이름을 썼지만 각 교회는 독립 교회 형태를 유지하고 있었다.

1700년대에 들어서면서 부터는 독일에서도 많은 이주민들이 뉴잉글랜드 지역으로 유입되었다. 이들은 대부분 루터란들이었지만 일부는 모라비안파에 속한 사람들도 있었다.[113]

3) 미국 장로교 총회와 웨스트민스터

아메리카 대륙에 본격적으로 장로교회가 설립된 것은 노회가 조직

---

112 아일랜드에서 뉴잉글랜드로 넘어온 사람들은 원래 스코틀랜드 출신들로 제임스 1세 때부터 북아일랜드를 중심으로 정착했던 사람들이다. 이들은 원래 아일랜드 사람들이 로마교회를 따르는 사람들이었던 것과는 달리 장로교를 지지하는 청교도들이었다.

113 배광식, 『장로교 정치 사상사』, 175.

되면서 부터로 보는 것이 맞다. 1706년 12월 프란시스 마키미(Francis Makemie)를 중심으로 필라델피아 노회(Presbytery of Philadelphia)가 조직되었다. 이듬해 3월에 메릴랜드, 델라웨어, 펜실베니아, 버지니아에서 온 7명의 목사가 모임으로써 명실상부한 첫 노회가 열렸고 이들은 각 교회의 질적인 성장과 연합을 위하여 매년 회합하기로 결의하였다. 이들은 처음 시작부터 웨스트민스터 신앙 고백서를 성경의 내용을 잘 함축하고 요약한 것으로 인정하고 모든 장로교 신자들의 신앙과 생활의 기본 규범으로 삼기로 결의했다.[114] 그뿐 아니라 스코틀랜드 장로교회가 작성한 정치 체제와 영국 웨스트민서트 총회에서 결의한 장로회 정치 체제도 받아들였다.

노회가 조직된 지 10년 만인 1716년 필라델피아 노회는 3개의 노회를 분립시키고 대회제의 기틀을 마련했다. 델라웨어 지역의 뉴캐슬 노회, 메릴랜드의 스노우힐 노회, 뉴욕과 뉴저지의 롱아일랜드 노회가 분립함으로써 필라델피아 노회까지 총 4개의 노회가 되었다. 1717년 9월 열린 첫 대회에는 스노우힐 노회를 제외한 3개 노회가 참석했다.

시간이 지나면서 이민 사회는 다양한 이민자들이 몰려들어 혼란스러워졌고 교회 안에 영적인 부패와 타락 현상들이 나타나기 시작했다. 유럽 대륙에서 시작한 합리주의가 흘러 들어와서 청교도적 신앙이 변질되고 있었다. 이것을 염려한 미국장로교회는 신앙의 동질성을 확보하기 위해서 모든 목사 후보생들에게 웨스트민스터 신앙 고백서와 웨스트민스터 대소요리 문답을 기독교 교리의 가장 기본으로 고백하고 그것을 철

---

[114] 배광식, 『장로교 정치 사상사』, 177.

저히 따를 것을 서명하도록 요구했다. 서명을 반대하는 사람들로 인해 진통도 있었지만 1729년 대회에서 서명 대신 목사 고시 때 면접관 앞에서 입술로 고백하게 하고 혹시 받아들일 수 없는 것이 있으면 말하게 함으로써 면접관들이 그것을 듣고 판단하도록 했다. 이로서 웨스트민스터 신앙고백서를 비롯한 웨스트민스터 장로교 제도가 미국 장로교회의 근간으로 자리 잡게 되었다.

1789년 미국 장로교회는 16개 노회로 늘어났고 이 노회들이 3개 대회를 구성했다. 또 대회의 상회로 총회를 조직하였다. 이로서 노회, 대회, 총회의 장로교회 3심제 기본 조직이 완성되었다. 총회를 조직하기 위해서 미국 장로교회는 1788년 미국 장로교 헌법을 만들었는데 웨스트민스터 장로회 정치 제도에 근거해서 만들었다. 그뿐 아니라 웨스트민스터 신앙고백서와 대소요리문답을 미국 장로교의 변할 수 없는 신학적인 기본 틀로 선언했다.

7. 한국 장로교회의 헌법

대한예수교장로회는 조선 땅에 들어와 있던 여러 나라 장로교 선교사들의 협의체를 중심으로 조직되었다. 당시 대표적으로 조선 땅에 들어와 있던 장로교선교사들은 미국 남장로교회, 미국북장로교회, 캐나다 장로교회, 호주 빅토리아 장로교회 등이 있었다. 1889년 이들이 조선 땅에 하나의 장로교회를 세울 목적으로 "장로교공의회"라는 이름으로 선교사 협의회를 만들었다. 1901년에는 한국인 장로들과 조사들이 선교사들의 초청을 받아 협의회에 참여했다. 그리하여 선교사 협의회는 한국인을 포함하는 "조선예수교장로회공의회"로 명칭을 변경했다.[115] 그리고 이들은 장로교단 설립을 위한 본격적인 작업에 들어갔다. 평양에 대한예수교장로회신학교를[116] 설립했고 1907년 7명의 첫 졸업생을 배출했다. 이에 맞춰 조선예수교장로회공의회는 "대한예수교장로회노회"를 조직했다. 제 1회 노회는 1907년 9월 17일 평양 장대현교회에서 소집되었는데 이 때 장로교 신조(12신조)와 규칙(대한예수교장로회 규칙)을 최초 재정하여 보고하였고 1년 연구 후 2회 노회 때 완전히 채용하였다.[117] 이때 채택한 12신조와 대한예수교장로회 규칙은 웨스트민스터 신앙고백이나 정치 모범을 직접 받아들인 것이 아니라 인도장로교회의 신조와 정치 규칙을 수정해 채택한 것이다.[118]

이때 "대한예수교장로회노회"를 부르는 "독노회"(獨老會) 라는 별칭이 생겨났다. 일반적으로 사람들은 당시 노회가 단독 노회였기 때문에 이런 별명이 생겨났다고 이해하고 있다. 하지만 "대한예수교장로회노회"의 영어 명칭이 "The Independent Korean Presbyterian Church" 인 것을 볼 때 서양교회와 선교사들로부터 독립한 한국장로교회 노회라는 의미로 "독노회" 라고 부른 것임을 알 수 있다.[119] 아이러니 하게도

---

[115] 박남규, "총회가 설립되기까지의 협의회," 『초기 한국장로교회사: 총회 설립(1912)을 전후하여』 (한국장로교출판사, 2012), 145.

[116] 1910년 한일합방 이후 일제의 강요로 "조선예수교장로회신학교"로 바꾸었다.

[117] 박남규, "총회가 설립되기까지의 협의회," 155-6.

[118] 박용규, 『한국기독교회사』, Vol. 2, 64-67, (한국기독교사연구소, 2022); 김성진, "총회 헌법, 독노회 채택한 규칙 계승," 한국기독공보, 2022. 11. 9., ⟨http://m.pckworld.com/article.php?aid=9566665560⟩.

[119] 황재범, "대한예수교장로회 총회설립(1912)의 역사적 의의: 독노회(1907-1912)와의 관계를 중심으로," 『초기 한국장로교회사: 총회 설립(1912)을 전후하여』 (한국장로교출판사, 2012),

"독노회"라는 별칭이 오늘날 우리들에게는 "대한예수교장로회노회"라는 공식명칭보다 더 익숙한 이름이 되었다.

　　1907년 독노회가 조직될 때 독노회는 8개의 대리회(평안북도, 평안남도, 전라남도, 전라북도, 경상도, 함경도, 경기도, 황해도)의 연합체 형태였다.[120] 1911년 대한예수교장로회 제5차 노회 때는 대리회가 9개로 늘어나 있었다. 경상도 대리회가 경상남도와 경상북도로 나뉜 것이 이유였다. 이 대리회들을 7개의 정식 노회(경기충청, 전라, 경상, 함경, 평안남, 평안북, 황해)로 재편하여[121] 1912년 9월 1일 평양 여자성경학원에서 대한예수교장로회 총회가 조직되었다. 1917년 제 6회 총회에서 웨스트민스터 헌법을 번역하여 그것을 기초로 대한예수교장로회 헌법을 제정했다.[122] 이 과정에서 이미 웨스트민스터 총회의 장로교 정치 제도를 그대로 수용해서 사용하고 있던 미국 장로교회 헌법을 많이 참조하고 의존했다. 실제로 1919년 8회 총회는 헌법에 의문이 생길 경우 미국 장로교 신학자 핫지(John Aspinwall Hodge)가 쓴 "정치문답조례"(What is Presbyterian Law as Defined by the Church Courts?)를 문제 해결을 위한 참고서로 사용할 것을 결의했다. 이것만 보아도 한국 장로교 헌법을 채택하고 운영하는데 미국 장로교의 영향력이 얼마나 컸는가를 짐작할 수 있다.[123]

　　해방 이후 1552년 대한예수교장로회(고신)이 분리되었고, 1553년에

　　256.

[120] 한석진, 『대한예수교장로회 노회 회록』 (독노회 제1회 회의록) (경성: 예수교서회, 1913), 14. 황재범, "대한예수교장로회 총회설립(1912)의 역사적 의의" 251에서 재인용.

[121] 『총회 제1회 회록』 1-4. 황재범, "대한예수교장로회 총회설립(1912)의 역사적 의의" 251에서 재인용.

[122] 대한예수교장로회총회, "헌법," 148.

[123] 최연식, "총회 주요결의 및 교회회의," (대한예수교장로회총회 출판부, 2007), 30.

는 대한기독교장로회가, 그리고 1959년에는 대한예수교장로회(통합)이 분리되어 나갔다. 1979년에는 소위 비교권파라고 불리는 대한예수교장로회(합동보수)가 분열되어나갔고 1981년에는 대한예수교장로회(합신)이 분리되어 나갔다. 그 이후로도 장로교 안에는 수많은 분열들이 있었다. 어느 순간엔가 300개에 육박하는 장로교 교단들이 생겨났다. 한국학중앙연구원이 문화체육관광부의 연구 용역을 받아 통계를 낸 "2018년 한국의 종교 현황"에 따르면 "대한예수교장로회"라는 이름을 쓰는 교단이 총286개로 조사되었다.[124] 그러다 보니 대부분의 장로교단들은 새로운 헌법을 제정하기 보다는 분리되기 이전 헌법을 그대로 사용하면서 필요에 따라서 약간씩 개정하는 형식을 취했다. 헌법 개정이라는 것이 쉬운 일이 아니기 때문에 대부분의 교단들이 꼭 고쳐야할 필요가 있는 것 외에는 잘 고치지 않았다. 그래서 많은 교단들이 여러 부분에서 토씨 하나까지 똑같은 헌법을 오늘날 까지 그대로 사용하고 있다.

8. 나가는 말

지금까지 장로회 제도의 기원과 역사에 대해서 대략적으로 살펴보았다. 많은 사람들이 장로회 정치 제도를 여러 교회 정치 시스템 가운데 하나일 뿐이라고 생각하지만 그렇지 않다. 장로회 정치 제도는 성경이 우리에게 가르친 제도이다. 구약시대 하나님께서 구약 교회를 다스리기 위

---

[124] 문화체육관광부, "2018년 한국의 종교현황," 106-118.

해서 사용하셨던 원리이기도 하고 또 1세기 신약 교회의 탄생과 함께 사도들이 교회를 다스리기 위해서 시행했던 훌륭한 제도이다.

초대교회 일곱 차례의 에큐메니컬 공의회가 열렸다. 니케아 공의회(325), 콘스탄티노플 공의회(381), 에베소 공의회(431), 칼케돈 공의회(451), 2차 콘스탄티노플 공의회(553), 3차 콘스탄티노플 공의회(680), 2차 니케아 공의회(787)가 그것들이다. 이 공의회들도 장로 회의의 형태였다. 온 세계 교회의 장로들이 한 자리에 모여서 교회의 중요한 문제를 의논했고 그 결정은 온 세계 교회에 영향을 미쳤다.

그 아름답고 훌륭한 제도가 중세시대를 거치면서 잃어버려졌다. 장로들이 회의에 의해서 교회의 뜻을 결정하는 장로회 정치 제도는 사라지고 교황 1인이 다스리는 교회가 되어버렸다. 로마교회에 의하여 버려진 장로회 정치 제도를 16세기 종교개혁자 존 칼빈이 제네바교회 법령을 통해서 다시 새롭게 정비했다. 그리고 제네바교회 법령의 모범을 따라 수많은 유럽 국가들에서 개혁주의 신앙을 따르는 우리 신앙의 선배들이 피땀을 흘려 장로회 정치 제도를 다듬고 정착시켰다. 특별히 잉글랜드 교회의 웨스트민스터 총회의 노고와 수고를 우리는 잊지 말아야 할 것이다. 그들은 개혁주의 신앙고백의 절정이라고 말할 수 있는 웨스트민스터 신앙고백서를 만들었고 그 교육을 위해 대요리문답과 소요리문답을 만들었다. 또 장로회 정치 제도를 완성도 높은 형태로 만들었다. 아이러니 하게도 잉글랜드 교회는 그것을 6개월만에 버렸지만 그것의 소중한 가치를 아는 전 세계의 장로 교회들이 웨스트민스터 총회의 장로회 정치 제도를 소중한 유산으로 간직하고 그 정치 제도를 따르고 있다. 대한예수교장로회총회도 그 가운데 하나다.

그런데 안타깝게도 오늘날 장로교 교인들은 장로회 정치 제도의 우수성을 제대로 알지 못하고 있다. 그러다 보니 장로교 교인으로서의 자긍심이나 자부심을 갖지 못한다. 또 목사들과 장로들 조차도 장로교 정치 원리를 제대로 이해하지 못함으로써 교회를 장로교 제도의 원리와 맞지 않게 잘못된 방향으로 다스리는 경우가 많이 있다.

장로회 정치 제도는 성경이 우리에게 가르친 가장 아름답고 좋은 교회 정치 시스템이라는 것을 알고 장로교 교인으로서 자긍심과 자부심을 갖자. 장로교 정치 제도에 대해서 더 많이 공부하고 장로교 정치 원리에 입각해서 교회를 바르게 세워 나가려고 노력하자. 또 오늘날 장로교 제도는 교회사 속에서 종교개혁자 존 칼빈을 비롯해서 웨스트민스터 총회에 모였던 수많은 신앙의 선배들의 값진 땀으로 우리 손에 들려진 교회의 값진 유산임을 기억하고 또 장로교 정치 원리를 소중하게 지키고 발전시켜 우리의 후손들에게 물려줘야 하겠다.

부록

교회법에 대한 루터의 신학과 비텐베르크 교회에서 적용

1. 들어가는 말

마틴 루터는 16세기 종교개혁의 선두 주자다. 그래서 그는 프로테스탄트 교회 역사 속에서 가장 영향력 있는 한 사람으로 손꼽힌다.[1] 그의 가르침과 사상은 많은 크리스천들의 신앙고백과 삶에 영향을 주었다. 일반적으로 교회사 학자들은 루터가 교회 정치와 관련된 문제에 직접적인 관심을 갖지 않았다는데 대체로 동의 한다. 파시키엘(Ernest K. Pasiciel)은 말하기를, "루터는 관료 출신도 아니었고 정치적 사상가도 아니었다. 더구나 그는 오늘날 현대적 의미의 정치인은 더더욱 아니었다."[2]라고 했다. 포렐(George W. Forell)은 루터가 법학 공부를 포기하고 수도원으로 들어갔을 때 이미 그는 정치적인 문제에 대한 관심사를 다 포기했다고 말했

---

[1] John Woodbridge, *Great Leaders of the Christian Church* (Chicago, Ill.: Moody Press, 1988), 187.

[2] Ernest K. Pasiciel, "Martin Luther's Theology of the Civil Authority," *Didaskalia* 11, no. 2 (Spr. 2000), 20.

다.³ 필자도 그것에 동의한다. 하지만 그런 루터의 의도와는 전혀 관계없이 루터는 자신이 정치적이 되는 것을 완전히 피할 수는 없었다. 위트 주니어(John Witte Jr.)가 지적한 것처럼, 루터의 종교개혁이 있기 1세기 전부터 독일은 정치적 개혁의 시기를 겪었다.⁴ 루터는 그런 정치적인 혼란의 시대에 태어나 그 시대 속에서 자랐고 그의 삶을 영위해 나갔다. 그의 삶은 수많은 정치적인 선택과 연관될 수밖에 없었다. 종교개혁은 그의 삶의 한 부분이었기 때문에 그의 종교개혁 역시도 수많은 정치적인 선택과 연관될 수밖에 없었다.

이 논문에서 필자는 루터가 교회의 기능과 조직에 대한 자신의 생각을 자신의 교회론과 성경관, 그리고 자신의 대표적인 신학이라고 불리는 만인제사장 이론과 두 왕국 이론과 연관하여 어떻게 발전시켰는지를 연구하려고 한다. 그리고 나서 그의 교회론을 비텐베르크 교회 안에서 세속 정부와의 관계 속에서 어떻게 실현했는지를 살펴볼 것이다.

한 신학자의 신학을 완전하게 이해하기 위해서는 그 신학이 그의 개인적인 삶과 교회 생활 속에서 어떻게 나타났는지를 살펴보는 것이 반드시 필요하다. 루터의 교회론과 칭의론은 그를 중세 로마교회에 저항하게 만들었다. 그리고 그의 교회론과 칭의론은 연속되는 16세기 유럽의 종교개혁 운동의 씨앗이 되었다. 그렇기 때문에 루터의 교회론은 루터 이후에 지속되는 종교개혁 운동에 많은 영향을 주었고 더 나아가서 프로테스탄트 교회의 형성에 큰 영향을 줄 수밖에 없었다. 이 연구가 루터

---

3 George W. Forell, *Luther and Culture* (Decorah, Iowa: Luther College Press, 1960), 3.
4 John Witte Jr., *Law and Protestantism: The Legal Teachings of the Lutheran Reformation* (New York, N.Y.: Cambridge University Press, 2002), 43.

의 교회론을 더 분명하게 이해할 수 있도록 독자들을 돕는 길잡이가 되기를 바란다. 그리고 그동안 루터의 종교개혁에 있어서 칭의론에 비해서 상대적으로 저평가되었던 그의 교회론의 중요성을 다시 돌아보게 되는 계기가 되기를 희망한다.

2. 루터 신학의 근간

1) 루터의 구원론과 만인제사장설

루터 신학의 핵심은 구원론과 만인제사장설이라고 해도 과언이 아니다. 그의 구원론은 "이신칭의"(以信稱義)로 대표된다. 다시 말해서 구원이 인간의 공로가 아니라 하나님의 은혜로 값없이 주어지는 선물이라는 것을 분명하게 선언한 것이다. 더 나아가서 그의 구원론은 하늘의 복음과 땅의 율법 사이를 이분법적으로 분명하게 구분 한다.[5] 그의 구원론에 의하면, 복음은 그리스도 안에서 각 사람과 하나님 사이의 관계를 규정하는 것이지만 율법은 사회적인 질서라는 관점에서 사람의 삶을 인도하는 것이다.

루터는 만인제사장의 책임 위에 세워진 교회를 갈망했다. 오늘날 많은 사람들이 루터의 만인제사장 이론을 잘못 오해한다. 모든 사람이 다 제사장이기 때문에 목사와 같은 직분이 의미가 없다는 직분 무용론처럼

---

5 Martin Luther, "Lectures on Galatians," in *LW* 26:115.

이해한다. 하지만 루터가 주장한 만인제사장 이론은 결코 직분 무용론을 주장하는 것이 아니다. 예수 그리스도께서 중보 사역을 완성했기 때문에 더 이상 제사장이라는 중보자가 필요 없다는 의미다. 중세 로마교회에서 사제들을 하나님과 인간 사이의 중보자로 주장하면서 그들이 죄를 사하면 죄가 사해진다거나 구약시대 제사장들이 죄인들을 대신해서 제사를 드려주었던 것처럼 사제들이 평신도들을 위해서 미사를 드려준다는 생각이 잘못되었음을 지적한 것이다. 예수 그리스도께서 중보 사역을 완성했기 때문에 이제 모든 사람이 예수 그리스도 외에 다른 중보자의 필요 없이 하나님 앞에 제사장처럼 직접 나아갈 수 있다는 것을 말한 것이다. 특히, 죄사하는 권세를 가졌다고 주장하면서 면죄부를 남발하며 돈벌이를 하는 로마교회의 주교와 교황들의 횡포에 맞서서 만인제사장 이론을 주장한 것이지 설교를 하고 성례를 전담해서 행하는 성직의 구분이 없다고 주장한 것은 결코 아니다.

루터는 만인제사장 이론에 입각해서 세속 귀족들에게 연약한 교인들을 심방하고 교회의 운영에 대한 중요한 임무를 맡겼다. 하지만 루터는 세속적인 통치 조직인 국가와 영적인 통치 조직인 교회를 혼합하지 않고 분명하게 구분했다.[6]

---

[6] F. W. Kantzenbach, "The Reformation's Power to Organize the Church and Confessional Lutheranism from 1530 to 1648," in *Lutheran Church Past and Present*, edited by Vilmos Vajta (Minneapolis, Minn.: Augsburg Publishing House, 1977), 43.

2) 루터의 두 왕국 이론

루터의 구원론과 만인제사장 이론은 영적인 통치 영역과 세속적이 통치 영역을 극명하게 구분하는 두 왕국 이론을 만들어냈다. 그의 두 왕국 이론에 따르면, 복음은 영적인 통치 영역에 속한 것이고 율법은 세속적인 통치 영역에 속한 것이다. 루터의 두 왕국이론은 그의 정치적인 신학의 근간이 되었다. 루터에게 있어서 세속 권위는 율법의 시민법 기능에 기초한 것이었다.

루터의 정치적 아이디어는 그의 두 왕국 이론 위에 세워졌다. 스타인메츠(David C. Steinmetz)는 루터의 두 왕국 이론을 평가하기를 크리스천의 영적인 삶과 시민으로서 그들의 지상의 삶을 완전히 나누어 놓는 이원론적 사회철학이라고 평가했다.[7] 크리스천들은 하나님과의 관계는 물론 인간 사회와도 관계를 가지고 살아간다. 이런 크리스천의 삶의 두 중첩되는 영역을 루터는 두 왕국으로 표현한 것이다. 크리스천의 삶은 하나님 앞에서의 삶이기도 하지만 동시에 세상 사회 속에서의 삶이기도 하다. 하나님께서는 우리가 정부라고 부르는 두 가지 다른 통치 조직으로 세상을 다스리신다. 그 첫 번째는 복음으로 다스리는 정부인 하나님의 나라 교회이고 또 다른 하나는 세속 법으로 다스리는 정부인 이 땅의 나라 국가다. 교회로 대표되는 하나님의 나라는 은혜와 자비의 나라이지 진노와 형벌의 나라가 아니다. 하나님의 나라에는 오직 용서, 다른 사람을 위한 배려, 사랑, 섬김, 선을 행하는 것, 평화, 기쁨만이 있다. 하지만

---

7 David C. Steinmetz, *Luther in Context* (Grand Rapids, Mich.: Baker Books, 1995), 113.

국가로 불리는 세상 나라는 진노와 준엄함이 다스리는 곳으로 거기에는 은혜는 없고 억압과 심판과 정죄만이 있다.[8]

루터의 두 왕국 이론은 성직자와 평신도 사이의 전통적인 구분을 거부한다. 그의 두 왕국 이론에서 일종의 반성직주의가 자리하고 있는 것이다. 중세 로마 교회의 성례 시스템은 성직자를 하나님과 인간 사이의 중보로 보았다. 마치 구약의 제사장이 하나님과 이스라엘 백성들 사이에서 중보 역할을 하는 것처럼 말이다. 중세 로마교회는 성직자의 역할을 하나님과 성도들 사이에서 중보 역할을 하는 것으로 가르쳤다. 하지만 루터는 성직자의 중보 역할을 전혀 인정하지 않았다. 그래서 루터는 잘못된 교황주의 성직 체계를 타파하고 새로운 복음주의적 성직 체계를 세워나갔다.[9] 중세 로마교회의 전통적인 생각에서 하나님의 말씀을 설교하고 가르치며 성례를 행하는 성직자는 특별한 것이었다. 하지만 루터는 성직자들이 하는 일도 크리스천들이 각자의 삶 속에서 합리적이고 자유롭게 선택하고 추구할 수 있는 많은 소명들 중에 하나일 뿐이라고 말했다.[10]

루터는 이 땅에는 두 개의 다른 정치적인 힘을 가진 정부가 있음을 생각했다. 하나는 영적인 정부이고 또 다른 하나는 세속적 정부이다. 이 땅위의 모든 사람들은 이 두 정부의 통치 아래 살아갈 수밖에 없다. 루터는 영적인 나라의 정부인 교회와 세속 나라의 정부인 국가 둘 모두에게

---

8 Ernest K. Pasiciel, "Martin Luther's Theology of the Civil Authority," 30.
9 Dipple, Geoffrey. "Luther, Emser and the Development of Reformation Anticlericalism." *Archiv fur Reformationsgeschichte* 87 (1996), 51.
10 John Witte Jr., *Law and Protestantism*, 7.

하나님께서 권위를 부여해 주셨다고 생각했다. 그는 누가복음 22장에서 예수님이 제자들을 파송하시면서 "검이 없는 자는 겉옷을 팔아 검을 사라"라고 했을 때 제자들이 "여기 검 둘이 있나이다."(38절) 하고 대답한 것을 착안해서 이 땅에 두 종류의 정부가 있다고 생각했다. 여기서 두 개의 검을 영적인 권세와 세속 권세에 대한 비유로 해석한 것이다.[11] 그는 하나님의 말씀은 영적인 통치를 위한 검이고 국가의 법은 세속 통치를 위한 검이라고 생각했다.[12] 루터는 세속 왕국은 죄로 오염되었기 때문에 법으로 다스려져야 하지만 하늘의 왕국은 하나님의 은혜로 새롭게 되었기 때문에 법 없이도 성령에 의해 복음으로 인도함을 받는다고 생각했다. 그리고 크리스천은 하늘의 왕국과 세상 나라 두 왕국 모두에 속한 시민들이라고 생각했다.[13]

3) 종교개혁으로 부르심

종교개혁 이전에 중세 로마교회는 수백 년 동안 성직자들이 평신도보다 우월하다고 가르쳤다. 성직자는 높은 천상의 영역에 있는 특별히 은혜스러운 직분이라고 성도들에게 가르쳤고 성도들은 그것을 믿었다.[14] 그런 이유로 성직자는 교회법에서 평신도보다 더 높은 사회적 신분을 보장 받았다. 그러나 루터는 그런 사회적 계급은 물론 교회법 자체를

---

11 John Witte Jr., *Law and Protestantism*, 109.
12 Martin Luther, "Whether Soldiers, Too, Can be Saved," in *LW* 46:99.
13 John Witte Jr., *Law and Protestantism*, 105.
14 John Witte Jr., *Law and Protestantism*, 107.

부정했다. 루터는 그의 종교개혁 초기부터 로마교회의 교회법(the canon law)을 거부했다. 그가 1520년 비텐베르크의 엘스터 문 앞에서 로마교회 교회법 책을 불태운 것이 그 단적인 예다.[15]

루터는 종교개혁 초기부터 참 된 교회의 기능에 대한 많은 관심을 가졌다. 하지만 종교개혁 초기 그의 논쟁은 죄와 은혜와 자유의지 등에 관한 것이었지 교회에 대한 것이 아니었다. 그런 이유 때문에 교회와 교회의 조직에 대한 그의 관심은 그가 강조했던 칭의론에 가려져 드러나지 못했다. 하지만 종교개혁 초기부터 이미 루터는 중세 로마교회의 교회론에 반대되는 다양한 교회론적인 생각들을 가지고 있었고 그것들을 표출했다.[16]

일반적으로 사람들은 루터의 95개 논제가 16세기 종교개혁의 도화선에 불을 붙였다는데 동의 한다. 95개 논제를 통해서 루터는 주로 면죄부의 효능과 효과에 대해서 논박했다. 이런 면죄부에 대한 논박은 결국 중세 로마교회의 교회론에 대한 부정이었고 논쟁의 시작이었다. 루터의 종교개혁은 확실히 교황권과 잘못된 교회권에 대한 반대였다. 중세 로마교회의 계급적인 조직의 권위에 대항하는 것이었고, 또한 순수한 말씀을 오염시킨 로마교회의 법과 제도에 대한 항거였다. 그는 종교개혁 내내 모든 교회의 구성원이 하나님 앞에서 제사장으로 평등하게 서야 한다고 주장했는데 이것도 로마교회의 조직과 교회법에 대한 항거였다. 루터의 대적자였던 프리에리아스(Prierias)와 에크(Eck)는 루터를 이단자로 규정

---

15 F. W. Kantzenbach, "The Reformation's Power to Organize the Church and Confessional Lutheranism from 1530 to 1648," 28.

16 In the late medieval period, ecclesiology was not separate object in the theological discussion. See Bernhard Lohse, *Martin Luther's Theology*, 277.

하기 위해서 교회에 관한 질문으로 루터를 공격했다.[17] 이런 이유로 루터는 그의 초기 강연에서 교회가 무엇인지 교회 조직과 역할은 어떠해야 하는지에 대한 자신의 교회론적인 생각을 분명하게 정립했다.

3. 루터의 교회론

1) 교회의 정의

1513년에서 1515년 사이, 루터는 비텐베르크에서 시편에 대한 신학 강의를 개설했다. 그의 강연의 강조점은 그리스도와 그의 교회 그리고 교회의 구성원으로서 성도들 사이의 상호관계에 관한 것이었다.[18] 시편에 대한 이 초기 강연에서 그는 교회를 하나님의 말씀으로 조직된 성도들의 교제라고 설명했다.[19] 루터는 교회가 하나님에 의해서 복음으로 다스려지는 자유와 사랑의 공동체가 되어야 한다고 생각했다. 루터는 교회 안에는 어떤 종류의 억압도 있어서는 안 되는데 이런 억압은 교회법이라는 이름으로도 시행되어서도 안 된다고 생각했다. 루터는 중세 로마교회의 강압적인 사법 제도가 복음이 우리들에게 준 개인의 신앙과 양심

---

[17] Frederick K. Wentz, "Development of Luther's Views on Church Organization." *Lutheran Quarterly* 7, no. 3 (August 1955), 225.

[18] Heiko A. Oberman, *Luther: Man between God and the Devil* (New Haven: Yale University Press, 2006), 253.

[19] WA, IV:189. quoted in Frederick K. Wentz, "Development of Luther's Views on Church Organization," 218.

의 자유를 망쳤다고 주장했다. 루터의 이런 교회론은 이후 종교개혁자들에게도 큰 영향을 미쳤다. 핸드릭스(Scott H. Hendrix)는 말하기를, 루터의 종교개혁이후 다른 여러 지역에서 종교개혁자들이 등장해 각 지역의 종교개혁을 이끌 때 루터의 교회론은 이들에게 로마교회로부터 분리에 대한 정당성을 제공하는 신학적인 근거가 되었다고 말한다.[20]

루터는 교회 정치에 대한 특별한 형태가 성경에 서술되어 있지 않다는 것을 항상 강조했다. 그래서 그는 교회를 위한 조직이나 제도를 제안한 적이 전혀 없다. 루터는 정치 형태에 대한 문제는 아디아포라(adiaphora)의 영역에 있는 부차적인 것이라고 생각했다.[21] 종교개혁 이후 많은 사람들이 교회 생활이나 성도 개인의 삶에 관한 루터의 조언을 듣기를 원했지만 루터는 자신이 그런 문제에 대해서 최종 권위자처럼 말하는 것을 거절했다. 그는 정답에 가까운 어떤 명령을 던져주기 보다는 가능성 있는 다양한 조언들을 말해주고 각 당사자들이 스스로 선택하도록 했다. 설교 중에 루터는 이렇게 말한 적이 있다. "나는 그것을 사람들을 위한 하나의 규정으로 만들거나 일반적인 법으로 강요하지도 않을 것입니다."

루터는 성경이 허락하는 유일한 정치적인 관점은 성례를 질서 있게 집례하고 또 말씀을 선포하기 위한 것이라고 이해했다.[22] 그래서 루터는 예배를 집례하고 말씀을 선포하고 성례를 집행하는 것 이외에 어떤 교

---

20 Scott H. Hendrix, "Luther's Communities," in *Leaders of the Reformation*, edited by Richard L. DeMolen (Cranbury, N.J.: Associated University Presses, 1984), 60.
21 Frederick K. Wentz, "Development of Luther's Views on Church Organization," 220.
22 David Steinmetz, *Luther in Context*, 121f.

회 정치 형태도 만들지 않았다. 교회 정치의 특정 형태가 교회나 성도들에게 어떤 거룩성을 부여해 주는 것이 아니기 때문에 특별한 교회 정치 제도를 만드는 것은 크게 의미가 없는 일이라고 생각했던 것이었다. 하지만 루터가 그의 종교개혁 초기부터 교회 정치 문제에 많은 관심을 가졌다는 것은 부정할 수 없는 사실이다.

우리는 교회의 본질에 대한 그의 견해를 그가 1520년에 쓴 "로마의 교황권"(The Papacy at Rome)이라는 글에서 엿볼 수 있다. 이 글에서 루터는 참 되고 영적인 교회를 강조했다. 그것을 위해 그는 교회(die Kirche)라는 단어를 사용하기보다 기독교(die Christenheit)라는 단어를 사용하기를 좋아했다.[23] 그는 주장하기를 참 된 교회는 영적인 것이고 또한 본질적으로 보이지 않는 공동체기 때문에 교황과 같은 육신의 머리가 필요 없다고 했다. 예수님만이 유일한 교회의 머리시고 모든 믿는 자들은 교회의 동등한 구성원들이다.[24] 루터는 참 되고 보이지 않는 교회와 보이는 교회를 구분했다. 참 되고 보이지 않는 교회와 보이는 교회 사이의 관계를 설명하기 위해서 루터는 몸과 영혼의 관계를 하나의 상징으로 차용했다.[25] 그는 이 세상에 있는 보이는 교회가 참 되고 이상적인 교회가 아니라고 생각했다. 보이는 교회가 가지는 이런 한계 때문에 교회는 어떤 종류든 법이 필요한 것은 부정할 수 없다. 하지만 루터는 로마교회의 법과 계급적인 조직에 대한 성경적인 어떤 근거도 찾지 못했기 때문에 그것들을

---

23 Frederick K. Wentz, "Development of Luther's Views on Church Organization." 223.
24 Ewald M. Plasss, *What Luther Says: A Practical In-Home Anthology for the Active Christian* (St. Louis, Mo.: Concordia Publishing House, 1959), 259.
25 Mark A. Noll, "Martin Luther and the concept of a "true" church." *Evangelical Quarterly* 50 (April 1978), 83.

단호하게 거절했다.

2) 교회의 가장 중요한 기능

루터에게 예수 그리스도를 믿는 사람들은 교회 그 자체였다. 사람들은 다른 것을 전혀 의지하지 않고 하나님의 은혜와 자비만으로 크리스천이 될 수 있다.[26] 복음을 듣고도 그것을 전적으로 믿지 않으면 어떤 사람도 기독교 교회 안에 기독교의 구성원으로서 들어갈 수 없다. 이런 이유로 말씀을 선포하는 교회의 역할은 순수하고 고귀한 것이다.[27] 누구도 말씀을 선포하는 교회와 연결되지 않고는 크리스천이 될 수 없다. 창세기 28:16-17에 나오는 야곱의 환상 이야기를 할 때, 루터는 야곱이 그곳에서 하나님의 말씀을 들었기 때문에 그곳을 "하나님의 전"이라고 부를 수 있었다고 주장했다.[28] 이처럼 루터의 교회에 대한 이해는 말씀에 관한 그의 생각과 교리에 뿌리를 두고 있다. 루터는 교회를 단순히 성도들의 모임이나 교제라고만 생각하지 않고 말씀 선포를 위한 기관으로 인식했던 것이다. 따라서 교회는 말씀 선포의 기관으로써 특별한 기능을 하기 위해서 그에 걸 맞는 조직을 갖추고 있어야 한다는 생각을 항상 가지고 있었다.

루터는 "교회는 하나님의 말씀과 성례를 통하여 교회로 인식된다고

---

[26] Ewald M. Plasss, *What Luther Says*, 256.
[27] Bernhard Lohse, *Martin Luther's Thelogy: Its Historical and Systematic Development* (Minneapolis, Minn.: Fortress Press, 1999), 81.
[28] Ewald M. Plasss, *What Luther Says*, 262.

말했다." 하고 말함으로써 말씀의 선포와 함께 성례를 교회의 주요 기능으로 강조했다.[29] 물론, 구지 따지자면 루터는 성례보다는 말씀이 더 중요하다고 믿었다. 왜냐하면, 하나님의 말씀이 성례에 효능을 부여하기 때문이라고 생각했기 때문이다. 하지만 그는 성례 역시도 교회가 거행해야 할 중요한 기능 가운데 하나라고 확신했다. 루터에게 있어서 말씀이 선포되는 강단의 순수성과 세례와 성찬이라는 성례의 순수성을 지키는 것은 교회의 기능에 있어서 매우 중요한 것이었다.

하지만 루터는 교회가 성찬을 통하여 하나님의 은혜의 언약을 새롭게 만들어 낼 수 있는 힘을 가졌다는 중세 로마교회의 생각을 거절했다. 오직 하나님의 언약이 교회를 만들 뿐이고 반대로 교회가 하나님의 언약을 만드는 것은 불가능하기 때문이다.[30] 그는 또 교회는 어떤 힘에 의해서나 어떤 법에 의해서 세워질 수 없고 오직 성령만이 교회를 세우고 다스릴 수 있다고 믿었다. 교회 조직에 대한 그의 기본적인 생각은 1517년 이전 그의 종교개혁 운동 초기에 형성된 것으로 보인다. 그리고 이런 생각들은 후에 그가 처한 특수한 사회적, 문화적, 역사적 상황 속에서 정교하게 발전했고 또 실천 되었다. 주어진 상황 속에서 하나님의 말씀이 선포될 수 있는 최적의 방법을 찾아 나갔던 것이다.

3) 교회의 직분

교회의 사역과 교회의 직분에 대한 루터의 생각을 살펴보기 위해서

---

[29] Ewald M. Plasss, *What Luther Says*, 263.
[30] Ewald M. Plasss, *What Luther Says*, 267.

는 두 가지의 중요한 기본 개념을 살펴보아야 한다. 하나는 모든 성도들은 보편적인 제사장이라는 만인제사장의 원리이고 또 다른 하나는 교회의 직분은 그리스도가 세운 제도라는 것이다.

그의 만인제사장 관점은 그의 글 "신약에 관한 논문"(Treatise on the New Testament, 1520) 속에 처음 드러난다. 그리고 그 생각은 "독일 크리스천 귀족들에게 고함"(To the Christian Nobility of the German Nation, 1520) 속에서 발전된다.[31] 모든 그리스도인은 제사장이다. 만일 그들이 모두 같은 믿음을 가진 성도들이라면 어린 자나 나이든 자나, 주인이나 종이나, 배운 자나 배우지 못한 자나 사이에 어떤 차별도 없다. 이런 그의 신학은 평신도에 대해서 사제들의 우월성을 주장하는 로마교회의 계급적인 사제 제도와 항상 부딪히며 개혁을 요구했다.[32] 오늘날도 루터란 교회는 그 전통에 입각하여 성직자와 평신도를 본질적으로 구분하는 교리를 받아들이지 않는다.[33] 루터는 영적인 권위가 세속 권위를 지배한다는 로마교회의 생각도 거절했다.

그러나 그는 하나님의 말씀을 공적으로 선포하고 성례를 집행하는 목회 직분의 중요성을 강조했다. 평신도와 목회자의 권위 사이에 근본적인 차이는 없음에도 불구하고 그는 질서를 위한 기능면에서 목회의 직분과 평신도를 구분했다.[34] 그는 또한 목회 직분을 위해서는 신성한 제

---

31 Bernhard Lohse, *Martin Luther's Theology: Its Historical and Systematic Development* (Minneapolis, Minn.: Fortress Press, 1999), 289.
32 Bernhard Lohse, *Martin Luther's Theology*, 81.
33 J. D. Roth, *Hand-book of Lutheranism* (Utica, N.Y.: Young Lutheran Company, 1982), 23.
34 Bernhard Lohse, *Martin Luther's Theology*, 293.

도가 필요하다고 주장했다.[35] 그는 감독과 목사를 구분하지 않았다. 교회의 권위는 성도들로부터 아래서 오는 측면도 있지만 동시에 하나님으로부터 위에서 오는 측면도 있다. 그렇기 때문에 교회의 직분에는 분명하고 신성한 제도가 필요했다.[36] 이런 이유로 새로운 목회자를 세울 때 그는 공적인 회중 예배에서 함께 기도하고 직분자의 머리에 손을 얹어 안수하는 예식을 거행했다.[37] 이것은 직분을 받는 사람이 회중으로부터의 부름 받는 것과 동시에 안수 받은 직분자들로 부터 위임을 받는다는 것을 강조한 것이다. 부겐하겐(Johannes Bugenhagen)이 모든 안수는 목회자를 청빙하는 회중이 있는 장소에서 이루어져야 한다고 주장했던 것과는 달리 루터는 종교개혁 교회의 중심지이고 신학의 중심지인 비텐베르크에서 안수를 행하는 것을 더 좋아했다.[38] 루터에게 안수는 각 사람의 선택과 목회 직분으로의 부름을 실현하는 것이었다.

루터는 감독 직분과 목사 직분을 동일한 기본 기능을 하는 하나의 직분으로 생각했다. 하지만 그는 교회를 감독하고 지도하는 신학적이고 실천적인 기능을 몇몇 도시 목사들에게 특별한 임무로 할당했다. 그들의 기능은 하나의 회중의 영역을 넘어서 확대되었기 때문에 그들을 "감독관"(superintendent)이라고 불렀다.[39]

---

[35] Bernhard Lohse, *Martin Luther's Theology*, 294.

[36] Gunther Gassmann, "The Ordained Ministry and Church Order," in *Lutheran Church Past and Present*, edited by Vilmos Vajta (Minneapolis, Minn.: Augsburg Publishing House, 1977), 167.

[37] Bernhard Lohse, *Martin Luther's Theology*, 295.

[38] On occasion he did state that ordinations could be held in individual congregations but he preferred to ordain ministers at Wittenberg. See Bernhard Lohse, *Martin Luther's Theology*, 295.

[39] Gunther Gassmann, "The Ordained Ministry and Church Order," 168.

4) 새로운 리더십을 위한 요구

종교개혁의 시작부터, 루터는 기독교 신자들의 공동체에 교회적인 책임을 부여하는 그의 중심 신학을 천명했다. 이것은 그가 로마교회의 조직을 파괴했다는 것을 의미했을 뿐 아니라 그에게 교회를 위한 새로운 조직이 필요했다는 것을 의미한다. 그는 로마교회의 조직이 하나님의 말씀을 선포하는 기능을 완수하지 못했다는 것을 분명히 보았다. 그러나 그는 로마교회의 조직을 깨부수고 싶지 않았을 뿐 아니라 새로운 정치 형태나 새로운 리더십의 형태를 고안하고 싶지도 않았다. 그는 로마교회 조직 안에서 교회를 새롭게 할 수 있도록 효과적으로 일하시는 하나님의 말씀의 능력을 믿었다. 그래서 그는 종교개혁의 초기 몇 년 동안 그는 교황의 리더십을 인정하고 받아들이려고 노력했다. 그는 교황에게 교회의 최고의 권위를 내주지는 않았지만 교회 안에서 교황의 리더십을 인정하고 그에게 존경을 표했다.[40] 하지만 1521년 교황에게서 파문을 당한 뒤로는 새로운 교회의 리더십에 대한 필요를 인식하고 새로운 교회를 세우기 위해서 노력했다.

5) 교회와 국가

루터의 두 왕국 이론은 그의 교회론에도 큰 영향을 끼쳤다. 그는 교회의 본성에 대해서 이야기할 때도 교회의 이중적인 성격을 말했다.[41] 지

---

[40] Frederick K. Wentz, "Development of Luther's Views on Church Organization," 220.
[41] John Witte Jr., *Law and Protestantism*, 97.

상 왕국에 실재하는 교회는 단지 하늘 왕국의 그림자에 지나지 않는다고 말했다. 그의 두 왕국 이론에 따르면, 중세 시대의 틀 속에서 교회와 국가는 땅 위에서 하나님의 나라의 신성한 의무를 부여받아 임명된 두 개체였다. 그래서 루터는 세속 권위에 순종하는 것이 하나님께 순종하는 크리스천의 의무라고 생각했다.[42] 이것이 사회의 이중적인 속성으로 각 개인은 자신의 영적인 삶과 사회적 지위 사이에서 이중성을 가지는 것이다. 이런 이유로, 루터는 하나님의 신성한 의무를 부여받은 국가의 세속적인 역할뿐 아니라 교회에 대한 국가의 기여에 대해서도 크게 강조했다. 그는 교회의 공식적인 행사나 축제일 등에 국가가 외적인 질서를 유지할 책임이 있다고 생각했다.

4. 국가 권력

1) 루터의 마음속에 있는 국가 권력

루터는 교회는 법이 아니라 성령에 의해서 다스려져야 한다고 믿었다.[43] 하지만 교회와는 다르게 국가는 법과 이성과 인간의 지혜와 강압을 통해 다스려야 한다고 믿었다.[44] 인간의 사악함이 다른 방법으로는 제어되지 않기 때문에 국가의 통치자는 법을 강제하기 위해서 무력을 사용

---

42 Frederick K. Wentz, "Development of Luther's Views on Church Organization," 225.
43 Ewald M. Plasss, *What Luther Says*, 262.
44 David C. Steinmetz, *Luther in Context*, 122.

해야 한다는 것이다. 또 기독교인들 역시도 그들이 사는 사회 속에 하나님께서 질서를 세우시고 그 질서를 통해 인간의 악을 제어하실 수 있도록 공직자로 국가에 봉사할 수 있다고 생각했다. 루터는 예수님의 산상 설교를 이 땅에서 실천할 수 있는 기독교 윤리로 보았는데 공직을 맡는다는 것은 예수님이 산상 설교에서 강조한 이웃 사랑을 실천할 수 있는 좋은 방편이 된다고 생각했다.[45] 그렇기 때문에 루터에게 있어서 국가를 섬기는 것 역시 하나님을 섬기는 것과 다르지 않았다. 이렇게 국가는 교회 다음으로 하나님이 이 땅에 세우신 두 번째 정부의 역할을 하는 것이다.

사람들은 좋은 정부는 공공의 안전을 보장하고 그 안전을 법과 질서를 통하여 유지하는 정부라고 생각한다.[46] 루터도 그런 면에서는 생각이 다르지 않았다. 파시키엘(Ernest K. Pasiciel)에 의하면, 루터는 나라 안에 있는 많은 사람들이 크리스천이 아니고 또한 기독교 신앙을 고백하는 사람 가운데 많은 이들도 참 기독교인이 아니라는 것을 인지했다.[47] 루터는 말하기를, 만일 온 세상이 참 된 크리스천들, 즉 참 된 신앙인들로만 이루어졌다면, 세상은 제후나 왕이나 영주나 공권력이나 법이 필요 없었을 것이라고 했다.[48] 참 된 그리스도인이 아닌 마귀의 지배를 받는 악한 사람들을 제어하기 위해서 국가 권력이 반드시 필요하다고 생각했던 것이다.[49]

45　David C. Steinmetz, *Luther in Context*, 122.
46　George W. Forell, *Luther and Culture*, 45.
47　Ernest K. Pasiciel, "Martin Luther's Theology of the Civil Authority," 28.
48　Martin Luther, "Temporal Authority," in *LW* 45:89.
49　Martin Luther, "Lectures on Galatians," in *LW* 26:308.

루터가 생각할 때 국가 권력은 하나님께서 부여하신 신성한 제도였다.[50] 그는 통치자들이 신성하게 임명된 직분을 가졌고 지상 왕국의 지상 시민들에게 하나님의 정의와 심판을 반영하도록 부름을 받았다고 생각했다.[51] 하지만 루터는 세속 정부가 믿음의 문제나 하나님의 말씀을 선포하는데 관해서는 해야 할 일이 아무 것도 없다고 주장했다.[52] 이와 같은 원리로 그는 이 땅위에서 기독교 권위도 그것이 교황으로 대표되든, 감독이나 사제로 대표되든 그런 것과는 상관없이 어찌 되었건 방해 받지 않고 그 직무를 실현할 수 있어야 한다고 주장했다.[53] 교회와 국가가 서로 독립적이면서도 서로의 직무를 잘 수행할 수 있도록 도와야 한다는 것이 루터의 생각이었다.

루터는 또한 통치자들과 그들의 다스림을 받는 백성들의 관계에 대해서도 말했는데 통치자들의 권위에 순종하는 것은 통치를 받는 백성들의 의무이고 백성을 배려하는 것은 통치자들의 의무라고 말했다. 더욱이 통치자들은 백성을 다스리는데 있어서 부지런해야 하고, 백성들을 부드럽게 다뤄야 하고, 백성들을 돕고 그들의 안전과 유익을 위해서 할 수 있는 모든 것을 다 해야 한다고 말했다.[54]

---

50 Marin Luther, "Temporal Authority," in *LW* 45:85. He also emphasized this ideas in his Sermons on the First Epistle of St. Peter. See *LW* 26:308-309.
51 Jhon Witte Jr., *Law and Protestantism*, 111.
52 Marin Luther, "Temporal Authority," in *LW* 45:105.
53 Martin Luther, "To the Christian Nobility of the German Nation," in *LW* 44:131.
54 Martin Luther, "Treatise on Good works," in *LW* 44:99.

2) 제후들

루터는 종교개혁 초기부터, 제후들의 역할을 강조했다. 독일 기독교 귀족들에게 보내는 공개서한을 통해서 신앙인들의 공동체의 일원으로서 초기 교회 협의체를 구성하는 데 협력할 것을 호소했다.[55] 그들이 그 역할을 하기에 가장 좋은 위치에 있다고 생각했기 때문이다. 루터가 생각할 때, 제후들은 어떤 일이든 마음먹은 일을 시작할 수 있는 믿을 수 있는 듬직한 평신도였다. 그는 제후들을 향해 그들의 힘을 교황의 권력에 맞서는데 사용할 것을 독려했다. 종교개혁의 시작부터 루터는 친분 있는 귀족 친구들과 어울렸고 힘 있는 제후들의 보호를 받았다.[56] 루터에게 제후들은 어려운 상황에 처한 개혁 교회를 도울 수 있는 실제적인 힘과 영향력을 가진 사람들이었다. 루터는 그들이 구약 성경에서 이스라엘의 각 지파 안에서 강한 영향력과 힘을 가졌던 장로들과 비슷한 역할을 할 수 있는 사람들이라고 생각했다.

로마교회와 독일 정부는 루터파 종교개혁 운동을 다루는데 있어서 일치하는 생각을 가지지 않았다. 그래서 많은 독일 제후들이 로마교회의 명령을 수행하는 것을 망설이고 주저했다.[57] 로마교회와의 계속 되는 마찰 속에서 루터는 세속 정부와 힘 있는 귀족들에게 도움을 청하는 것 외에는 다른 선택의 여지가 없었다. 처음에 루터는 독일 황제가 종교개혁을 승인해 주기를 바랐다. 그래서 그의 초기 문서에 당시 신성로마제국

---

55 Frederick K. Wentz, "Development of Luther's Views on Church Organization," 225.
56 Eric W. Gritisch, *A History of Lutheranism* (Minneapolis, Minn.: Fortress Press, 2002), 36.
57 Eric W. Gritisch, *A History of Lutheranism*, 35.

의 황제의 권위에 대해서 아주 고상한 찬사를 포함시키는 것도 잊지 않았다. 루터는 정말 종교개혁에 대한 황제의 지지를 간절히 원했다. 하지만 황제는 그의 기대를 저버렸다. 그래서 루터는 방향을 돌려 독일 귀족들과 농민들과 시 의회와, 제후들에게 다양한 도움을 구하기 시작했다.[58] 그는 제후들에게 종교개혁의 혼란기 속에서 공공질서가 유지되고 로마 교회의 압제로부터 독일 시민들을 보호하기 위해서 그들이 가진 힘을 사용해 줄 것을 요청했다. 하지만 지역 제후들은 종교개혁의 변혁 속에서 자신들의 정치적 야욕을 키우기 위해 자신들의 입지를 강화하려는 생각이 컸기 때문에 자신들이 다스리는 지역의 힘을 키우는데 만 치중했다.[59] 종교개혁의 시작부터 루터는 프로테스탄트 교회를 발전시키기 위해서 자유 의회를 열 것을 제안했지만 제후들은 루터의 제안에 전혀 반응하지 않았다.[60] 크리스천 제후들이 프로테스탄트 신자들로서 종교개혁에 있어서 중요한 역할을 해줄 것을 기대하기는 사실상 어려운 상황이었다.

3) 회중(Congregation)

루터는 프로테스탄트 교회를 조직하는 실질적인 방법을 찾았다. 그것은 교회 공동체를 회중 중심으로 변환시키는 것이었다. 회중은 특별한 예배 형식을 가질 뿐 아니라 실제적인 권징을 실행할 수 있는 독자적인

---

58 John Witte Jr., *Law and Protestantism*, 110.
59 George W. Forell, *Luther and Culture*, 45.
60 Frederick K. Wentz, "Development of Luther's Views on Church Organization," 226.

공동체여야 했다.[61] 루터에게 회중은 언약을 기반으로 헌신된 자발적인 모임이라기보다는 지역으로 묶인 지역 교구와 같은 개념이었다. 루터가 생각한 회중은 원하는 사람만 교회에 참여하는 것이 아니라 한 지역을 기반으로 해서 그 지역 안에 있는 모든 세례를 받은 신앙인들이 속한 조직이었다.[62] 루터는 성경이 회중에게 충분한 권한을 주셔서 설교할 수 있게 하고, 설교권을 허락할 수도 있게 하고, 설교자를 청빙하여 선임할 수 있게도 한다고 주장했다.[63] 실제로 루터는 몇몇 교회 공동체들이 개별적으로 회중 시스템으로 전환하는 것을 돕고 조언했다. 1522년부터 1527년 사이에 루터는 큰 지역적 교구 안에 확신이 있고 경험이 있는 작은 모임들을 만들어 하나의 회중으로 정착시키려고 노력했다.[64] 루터는 이것을 교회 안에 있는 작은 교회(ecclesiolae in ecclesia)라고 불렀다. 회중 개념은 1526년 발간된 "독일 예배와 예식 순서"(The German Mass and Order of Service)" 속에 잘 표현되어 있다. 하지만 루터는 이런 회중 개념을 결국 포기했고 교회의 리더십을 세속 권력을 가진 제후들에게 의지하는 쪽으로 선회했다.

---

61 See "The German Mass and Order of Service" of 1526.
62 Frederick K. Wentz, "Development of Luther's Views on Church Organization," 227.
63 Frederick K. Wentz, "Development of Luther's Views on Church Organization," 227.
64 Frederick K. Wentz, "Development of Luther's Views on Church Organization," 226f.

5. 교회 조직의 실제

1) 루터와 비텐베르크 시

그리츠(Eric W. Gritsch)는 비텐베르크 교회를 로마교회가 새롭게 되면 어떻게 될 수 있는지를 보여주는 소우주적 모델이라고 평가했다.[65] 그에 따르면, 비텐베르크 교회는 모든 세례 받은 사람들이 예배와 그리스도인들의 신앙 문제에 있어서 목사들을 돕는 공동체였다. 그는 또 비텐베르크 교회가 교회와 국가 사이의 적당한 선을 잘 지켰다고 평가했다.

루터 시대의 비텐베르크는 인구 3,000명 정도의 매우 작은 도시였다.[66] 하지만 작은 도시 규모에 걸맞지 않는 많은 기관들이 들어서 있을 정도로 풍요로운 도시였다. 비텐베르크는 성이 있는 도시였고, 대학이 있는 도시였고, 수도원과 교회도 있었다.[67] 비텐베르크 대학의 교수로서 루터는 생을 마감할 때까지 비텐베르크 도시 안에서 생활했다. 루터는 비텐베르크 시 의회가 부여한 설교권을 가지고 있었다. 그는 수도원에서 설교하기도 했고, 성 안에 있는 교회에서도 설교하기도 했고, 대학에서 설교하기도 했다. 성 안에 있는 시민들 뿐 아니라 수도원의 수도사들과 대학의 학생들이 그의 설교의 청중들이었다.

---

[65] Eric W. Gritsch, *A History of Lutheranism*, 35.
[66] Conrad Bergendoff, *The Church of the Lutheran Reformation: A Historical Survey of Lutheranism*, 77.
[67] Scott H. Hendrix, "Luther's Communities," 51.

2) 비텐베르크 교회에서의 교회론적 실천

독일의 루터파 종교개혁의 첫 세대는 10여개 이상의 종교개혁 법안들을 발표했다.[68] 루터는 그의 후계자 멜랑흐톤과 함께 비텐베르크에서 종교적인 교리, 예배, 그리고 성례에 관한 규정들을 만든 주역이었다.[69] 교회 규례(Church Ordinance, 1522)는 비텐베르크에서 만든 첫 번째 교회법이었다. 이것은 빈빈 구제와 공동체 기금 등에 관한 지침이 포함되었다. 종교적 예배와 성찬 그리고 세례에 관한 예식과 절차는 1522년에 3개의 법에 의해서 개정되었다. 루터는 또 1525년에 종교 예식과 종교력을 바꿨다. 1526년에는 종합적인 새로운 독일 예배와 세례를 위한 예식서를 발행했다. 이런 것들은 비텐베르크 지역 교회들에서 사용하기 위한 것이었다. 비텐베르크 교회는 1533년 이미 존재하는 법들과 고백서들을 모아서 더 세세한 교회 규례를 발표했다. 이것은 종교적 예배, 찬송, 성례, 교회의 직원들, 학교, 병원, 빈민구제 센터 그리고 교회의 봉사 일에 대해서 다루었다.[70]

이런 개혁법은 전형적으로 다섯 가지 영역의 규정들이 포함된다.[71] 첫 번째 영역은 종교적인 교리, 예식, 예배, 교회 행정과 감독의 지역 형태와 관련된 것이다. 두 번째 영역은 종교적인 도덕과 규율에 관련된 것이다. 예를 들면, 신성 모독을 금하는 법이나 주일 성수를 위한 법, 거짓

---

68 John Witte Jr., *Law and Protestantism*, 184.
69 John Witte Jr., *Law and Protestantism*, 190.
70 John Witte Jr., *Law and Protestantism*, 185.
71 John Witte Jr., *Law and Protestantism*, 190.

맹세나 사치, 그리고 공적인 장소에서의 음주 등과 같이 공공의 질서를 어지럽히는 행위들과 관련된 것들이다. 세 번째 영역은 빈민 구제와 사회 보장에 관한 것들이다. 네 번째 영역은 성적인 것을 포함한 결혼과 가정생활과 관련된 것들이다. 다섯 번째 영역은 공교육과 공립학교에 대한 것들이었다.

만인제사장 교리는 새로 세워진 교회와 과거 로마교회와의 가장 극명한 차이를 보여주는 것이었다. 이 교리 때문에 교권을 행사하는 것이 매우 큰 문젯거리가 되었다. 이 문제를 해결하기 위해서 루터는 "개인기도서"(Personal Prayer Book, 1522)를 출판했다. 이 책은 무엇을 행해야 하고, 무엇을 믿어야 하고, 어떻게 기도해야 하는지에 대한 짧은 교리문답을 제공했다. 이 책은 모든 믿는 자들에게 각자가 제사장으로서 어떻게 개인 경건을 삶 속에서 실천해야 하는지 가이드라인을 제시했다.[72]

어떻게 목사로 부르심을 받는가 하는 것은 새로 설립된 교회 안에 또 하나의 문제였다. 루터는 세례 받은 교인들로 구성된 회중에게 특정인을 선택해서 설교와 성찬을 담당할 목사로 세울 수 있는 권한을 부여했다.[73]

루터는 선제후 프리드리히와 비텐베르크 시 의회의 승인을 받아서 비텐베르크의 공적인 예배의 개혁을 추진했다. 그는 로마교회가 매일 행하던 전체 미사를 폐지했다. 그 대신 성경 강론, 설교, 기도 그리고 찬송만으로 구성된 비교적 간단한 예배를 제안했다. 그러나 그는 주일 예배에는 로마교회의 전체 미사와 비슷한 형태의 예배를 유지했다.[74] 루터

---

72 Eric W. Gritisch, *A History of Lutheranism*, 36.
73 Eric W. Gritisch, *A History of Lutheranism*, 37.
74 Eric W. Gritisch, *A History of Lutheranism*, 37.

는 스스로 36곡의 찬송가를 작곡하거나 편곡해 공적인 예배에 사용했다. 그는 또한 1523년에 세례를 위한 예식서를 출판했다. 하지만 여전히 그것은 사람들이 거부감을 갖는 중세 로마교회 스타일의 예식을 많이 포함하고 있었다. 그래서 3년 뒤인 1526에 다시 개정판을 발행했다.

루터는 강압이나 강제 또는 폭력에 의한 급진적인 개혁을 원치 않았다. 1522년 바르트부르크 성에서 피난 기간을 마치고 비텐베르크로 돌아왔을 때, 루터는 자신이 없는 동안 비텐베르크 교회의 급진적 개혁을 주도했던 사람들이 성경에 대한 해박한 지식은 있지만 사랑의 증거가 없는 사람들이라고 비난 받는 것을 보았다.[75] 루터는 그 말에 가슴 아파 했고 그래서 사랑의 증거를 보여주지 못하는 어떤 형태의 급진적인 개혁도 원치 않게 되었다. 루터는 국가를 대항하는 어떤 형태의 반란도 강력히 반대했는데 특별히 그런 반란에 자신의 이름을 사용하는 것에서 매우 불쾌해 했다. 루터는 칼스타트(Carlstadt)가 주도했던 공적인 예배에서의 급진적인 개혁도 분명하게 반대했다.[76]

비텐베르크는 당회 재판정을 설치하고 "비텐베르크 당회 헌법"(Constitution of the Consistory of Wittenberg, 1542)을 만들었다.[77] 하지만 루터는 교회가 믿음과 사랑의 공동체이지 법과 정치의 기관이 아니라고 생각했기 때문에 목사에는 법적인 권한을 부여하지 않았다. 당회는 목회자를 배제하고 두 명의 신학자와 두 명의 법학자, 그리고 서기와 회

---

[75] Fred W. Meuser, *Luther the Preacher* (Minneapolis, Augsburg Publishing, 1983), 66.
[76] Eric W. Gritisch, *A History of Lutheranism*, 34.
[77] John Witte Jr., *Law and Protestantism*, 185.

계 한 사람씩으로 구성되었다.78 그리고 사법적인 모든 권한은 비텐베르크 시 통치자들에게 위임했다.79 예를 들어, "새 안식일 법"(New Sabbath-day laws)을 발의한 것도 목사들이 아니라 기독교인 제후들과 기독교인들로 구성된 시 의회가 한 것이었다. 이 법은 시민들에게 주일에 모든 불필요한 노동과 천박한 레저 활동을 금하고 주일 예배에 성실한 참여를 요구했다. 이 법은 시민들에게 옛 로마교회의 교회법만큼이나 강제력이 있었다. 하지만 이제는 그것이 교회에 의해서 강제된 것이 아니라 세상 정부에 의해서 강제된 것이라는 차이가 있었다.80 교회는 사회를 섬기기 위해서 하나님의 부름을 받았지 성도들을 다스리기 위해서 부름을 받지는 않았다는 것이 루터의 생각이었다.

3) 요하네스 부겐하겐(Johannes Bugenhagen)

요하네스 부겐하겐은 독일 북동부의 포메라니아(Pomerania) 출신 종교개혁자다. 에라스무스와 그의 인문주의 전통에 큰 감명을 받은 그는 인문주의를 연구했고 후에 루터의 글을 읽고 루터의 종교개혁 사상을 독일 북부 지역을 중심으로 소개하고 보급했다. 그가 비텐베르크에 갔을 때 루터와 멜랑흐톤은 그를 신임했다. 부겐하겐의 신학적인 관점은 기본적으로 루터의 교리와 다르지 않았다. 루터는 부겐하겐을 가장 유능한

---

78 John Witte Jr., *Law and Protestantism*, 185.
79 John Witte Jr., *Law and Protestantism*, 58.
80 John Witte Jr., *Law and Protestantism*, 191.

신학자 중의 하나라고 말했다.[81] 부겐하겐은 1522년 비텐베르크에서 목사가 되었다. 그 후에는 그 지역의 감독관이 되었다. 그는 10여 년 동안 감독관으로서 여러 지역을 방문하면서 독일 루터란 교회를 조직하는데 기여했다. 그는 각 지역의 지역적인 특성과 차이를 잘 이해했다. 그래서 그는 엄격한 법 집행을 피했다. 그는 일련의 교회 규례들을 작성했는데 그가 작성한 규례들은 독일에서 루터란 교회를 세우는데 기초가 되었다. 그는 루터의 신학을 실천적인 영역에서 회중의 삶의 구조에 잘 맞게 변형시켰다. 이런 이유로 스타인메츠는 부겐하겐의 역할에 대해서 루터의 종교개혁을 한 단계 더 발전시켰다고 말하며 큰 가치를 부여했다.[82] 그는 타고난 재능을 가진 조직가였다. 베르켄도프(Bergendoff)는 말하기를 그가 만든 규례들의 주요한 특징은 자유화 유연성의 정신이 담긴 것이라고 했다.[83]

4) 헤세의 교회법(The Reformatio eccesiarum Hassiae)에 대한 루터의 반응

헤세의 교회법(The Reformatio eccesiarum Hassiae)은 독일 중부에 있는 헤세 주에 있는 교회들을 위해 만들어진 교회법이다. 헤세의 필립(Philip

---

81 Steinmetz, David C. *Reformers in the Wings: From Geiler von Kaysersberg to Theodore Beza* (Oxford, N.Y.: Oxford University Press, 2001), 60.
82 Steinmetz, David C. *Reformers in the Wings: From Geiler von Kaysersberg to Theodore Beza*, 60.
83 Conrad Bergendoff, *The Church of the Lutheran Reformation: A Historical Survey of Lutheranism*, 78f.

of Hesse)은 1526년 홈베르크(Homberg) 시에서 헤세 지역 교회들의 대회를 소집했다. 이 대회는 헤세 지역에 있는 많은 교회들의 대표들로 구성되었다.[84] 이 대회는 순수하게 교회 모임이었지만 주정부의 대표들도 일부 참관인으로 참석했다. 대회의 목적은 루터의 만인제사장 이론에 근거한 교회 통치 조직에 대한 청사진을 수립하는 것이었다.[85]

대회에 앞서 프란체스칸 수도사 출신인 프란시스 램버트(Francis Lambert)가 교회법의 초안을 준비했다. 이 대회를 통해 헤세의 교회들은 감독(목사)과 장로와 집사에 의해서 다스려지는 교회 조직을 구성했다. 이 초안에서는 교회의 일반적인 통치 조직을 1년마다 열리는 대회에서 결정하기로 했는데 대회는 각 교회의 대표들과 그들의 감독(목사) 그리고 제후들과 귀족들이 뽑은 13명의 위원들로 구성하기로 했다. 또 대회는 3명의 감독관(Visitatoren)을 선출해서 주 전체를 통틀어서 교회들의 업무를 지도하고 교회를 관리하도록 했다. 하지만 첫 번째 해에는 또 그 이후라도 복음이 교회 안에 완전히 자리 잡기 못했을 때에는 제후가 3명의 감독관을 임명하도록 했다.[86] 이 법안은 대회에 의해서 바로 공식적으로 채택되지 못했다. 왜냐하면 필립이 이 법에 대해서 루터의 승인을 먼저 받기를 원했기 때문이었다. 그는 루터에게 이 법안을 검토하고 조언해 줄 것을 요청했다. 하지만 루터는 이 법이 너무 많은 급진적인 법들을 포함하고 있다는 이유로 승인을 거절했다. 루터는 헤세의 교회법 안에 있는 어떤 특정 법안을 거절하지는 않았다. 그는 필립에게 이렇게 편지를

---

84 G. M. Bruce, "Luther and Church Government," 372.
85 G. M. Bruce, "Luther and Church Government," 373.
86 G. M. Bruce, "Luther and Church Government," 373.

썼다. "나는 겸허하고 신중하게 당신에게 조언합니다. 이번에는 그 법을 인쇄하는 것을 허락하지 마십시오. 왜냐하면 나는 지금까지 그런 급진적인 법을 한 번에 통과시킬 만한 그런 용기를 가지지 못했었는데 그것은 지금도 마찬가지입니다."

루터는 그 어느 누구에게도 이 문제에 대해서 자신의 생각을 따르라고 강제하기를 원하지 않았다. 그러나 부르스가 말한 것처럼 헤세의 교회법은 반드시 루터의 전적인 허락과 지지가 있어야만 했다. 왜냐하면 이 교회법은 교회 통치 조직이나 교회와 국가와의 관계에 대한 루터의 초기 사상들을 그대로 담고 있었기 때문이었다.[87]

5) 루터의 후계자들

루터처럼 루터의 후계자 멜랑흐톤 역시도 정의의 집행이라는 측면에서 교회가 국가의 도움을 받아야 한다고 생각했다.[88] 그러나 멜랑흐톤은 몇 가지 예기치 않은 문제가 발생하는 것을 보았다. 그것은 교권이 제후들의 주권의 수부물이 되어버린 것이다. 교회는 단순한 국가에 속한 한 부서가 되고 말았다. 그래서 교회가 국가로부터 독립해야할 필요성이 대두되었다. 후에 비텐베르크에서 브렌쯔(J. Brenz, 1499-1570)는 독립된 교회법정과 대회 개념을 통해서 교회 조직을 독립적으로 발전시키려고 시도했다. 그는 국가의 역할을 대신해서 회중의 역할을 점진적으로 늘려가기

---

[87] G. M. Bruce, "Luther and Church Government," 373.
[88] F. W. Kantzenbach, "The Reformation's Power to Organize the Church and Confessional Lutheranism from 1530 to 1648," in *Lutheran Church Past and Present*, edited by Vilmos Vajta (Minneapolis, Minn.: Augsburg Publishing House, 1977), 45.

를 원했다. 그러나 그는 결국 국가의 권력에의 해 다스림을 받는 교회를 지향하는 사람들에게 굴복했다. 그들은 교회의 회중들에게 독자적인 책임을 허락하지 않았다.[89]

6. 나가는 말

루터의 종교개혁을 가속화시킨 힘은 복음에 기초한 루터의 구원론과 그의 만인제사장 이론에 있었다. 이 두 가지 신학 사상은 중세 로마 교회와 계급적인 사제 구조 그리고 교회법을 공격했다. 루터는 종교개혁 초기부터 로마교회의 조직을 거부했기 때문에 거기에는 공공의 유익을 위해 새로운 형태의 리더십과 정치적 장치를 마련한 가능성이 항상 잠재되어 있었다. 1520년 루터는 중세 로마교회와 완전히 결별한 이후 프로테스탄트 교회를 재건해야 했다. 교회의 리더십에 대해서 고민하면서 루터는 무엇이든 실행에 옮길만한 힘을 가진 기독교 평신도들이었던 제후들에게 눈길을 돌렸다. 루터는 참 그리스도인이 아닌 악한 자들을 제어할 수 있는 국가 권력의 필요성을 내다보았다. 루터는 하나님께서 하나님의 말씀을 선포하고 성례를 집행하기 위해서 교회를 부르신 것과 마찬가지로 평화를 보호하고, 범죄자를 벌하고, 공고의 선을 장려하고, 교회를 돕기 위해서 국가를 부르셨고, 통치자들을 세우셨고, 모든 국가법

---

[89] F. W. Kantzenbach, "The Reformation's Power to Organize the Church and Confessional Lutheranism from 1530 to 1648," 46.

을 제정하셨다고 믿었다.[90] 이런 이유로 그는 통치자들이 신앙과 이성과 전통에 입각해서 선한 법을 만들어 공포하고 시행해야 한다고 주장했다.[91]

루터의 구원론과 만인제사장 이론은 하늘의 왕국과 지상의 왕국을 이원적으로 완전히 구분하는 두 왕국 이론을 형성했다. 두 왕국 이론에 바탕을 두고 루터는 교회와 국가라는 완전히 다른 두 개의 정치기관이 이 땅에 존재함을 인정했다. 그는 교회와 국가 두 기관이 모두 하나님으로부터 권위를 부여받았음을 의심하지 않았다. 더욱이 루터는 하나님께서 이루고자 하시는 일이지만 교회를 통해서는 할 수 없는 일을 하나님께서 성취하기 위해서 국가를 세우셨다고 믿었다.[92] 루터에게 있어서 교회는 어떤 인공적인 법이나 인간의 강압이 개입할 수 없는 성령이 다스리시는 자유와 사랑의 공동체였다. 하지만 이런 이유로 그는 성도들의 자유를 제한하는 어떤 종류의 교회 정치 체제도 만들려고 하지 않았다. 하지만 말씀을 전하거나 성례를 집행하는 등의 교회가 감당해야 하는 꼭 필요한 기능들을 유지하기 위해서는 약간의 제도가 필요했기 때문에 그는 교회의 규정들을 만들었다. 하지만 종교개혁자 존 칼빈과 비교해 볼 때, 루터는 교회가 주도하는 어떤 사법적인 교회 질서나 통치 기구를 만들지 않았다는 것은 놀라운 일이다. 그가 만든 것은 단지 예배와 관련된 세 가지 규정, 세례와 관련된 두 가지 규정, 안수와 관련된 두 가지 규

---

90 John Witte Jr. *Law and Protestantism*, 110f.
91 John Witte Jr. *Law and Protestantism*, 115.
92 David C. Steinmetz, *Luther in Context*, 114.

정, 그리고 결혼과 관련된 한 가지 규정이 전부였다.[93]

루터는 자신이 하나님의 말씀을 선포하고 가르침으로써 성도들의 믿음을 강화시키는 사명을 가진 설교자요 교사라고 생각했다. 그는 결코 스스로를 새롭게 시작하는 교회를 조직하는 설계자라고 생각하지 않았다. 루터는 생각하기를, 만일 전 세계가 참 된 그리스도인들로만 구성되어 있다면 왕이나 법 같은 세속 권력은 필요 없을 것이라고 했다.[94] 하지만 필자는 설령 전 세계가 진정한 그리스도인들로만 구성되어 있다고 할지라도 법은 여전히 필요하다고 생각한다. 왜냐하면 우리 크리스천들 역시도 모두 실수가 있는 사람들이고 죄악 된 인간들이고 우리도 이 세상에서 불완전한 존재라는 것은 변함이 없는 사실이기 때문이다. 법은 악한 비기독교인을 가르치기 위해서만 필요한 것이 아니라 또한 실수가 많은 크리스천들을 권징하기 위해서도 필요하다. 루터는 크리스천들을 권징 하는 교회의 기능을 간과한 것으로 보인다. 루터는 인위적인 법이 없이도 사랑으로 하나 되고 성령에 의해서 다스려지는 이상적이고 순수한 교회를 꿈꿨다. 그러나 눈앞에 있는 현실의 교회는 그가 꿈꾸는 교회와는 달랐다. 1545년 7월 루터는 여행 중에 자기 부인에게 한 통의 편지를 썼는데 이 편지에서 그는 비텐베르크가 소돔 성과 같기 때문에 비텐베르크로 돌아가고 싶지 않다고 말했다.[95] 현실 교회가 그가 꿈꾸는 교회와 얼마나 괴리감이 컸는지를 단적으로 알 수 있는 표현이다.

---

[93] F. W. Kantzenbach, "The Reformation's Power to Organize the Church and Confessional Lutheranism from 1530 to 1648," 41.
[94] Martin Luther, "Temporal Authority," in *LW* 45:89.
[95] Scott H. Hendrix, "Luther's Communities," 53.

독일 프로테스탄트 교회는 중세 로마교회와 교회법으로부터 자유를 얻었다. 그러나 독일 교회는 감독과 권징의 역할을 아쉽게도 국가에 넘겨버렸다. 독일 프로테스탄트 교회는 국가에 귀속하게 되어 국가의 통치자들의 다스림을 받았다. 이것은 또 다른 문제들을 만들어냈다. 이런 이유로 멜랑히톤(Melanchton)이나 브렌쯔(Brenz)같은 루터의 후예들은 독립된 교회 법정을 만들고 또 교회의 연합체인 총회 제도를 만들어서 국가로부터 독립된 교회를 설립하려고 시도했다. 그러나 독일 프로테스탄트 교회는 국가로부터 독립하는 일에 결국 실패하고 말았다.

참고문헌

1차 자료(Primary Sources)

Calvin, John "Draft Ecclesiastical Ordinances," in *John Calvin Selections from His Writings*, ed. John Dillenberger. Missoula, MT: Scholars Press, 1975.

──────. "Ordonnances ecclésiastiques de 1541," in *L'Église de Genève, 1535-1909*, ed. Henri Heyer. Nieuwkoop: B. de Graff, 1974.

──────. *Institutes of the Christian Religion of 1536*. Grand Rapids, MI: Eerdmans, 1986.

──────. *Letters of John Calvin: Selected from the Bonnet Edition with an introductory biographical sketch*. Arlisle, PA: The Banner of Truth Trust, 1980.

Knox, John. *The Works of John Knox.Bannatyne Society*, 1848.

2차 자료(Secondary Sources)

Ahlstrom, Sydney E. *A Religious History of the American People*. New Haven and London;: Yale University Press, 1972.

Benedict, Philip. *Christ's Churches Purely Reformed: A Social History of Calvinism*. New Haven, CT: Yale University Press, 2002.

Donaldson, Gordon. *The Scottish Reformation*. Cambridge University Press, 1960.

Hall, David W. and Joseph H. Hall, eds., *Paradigms in Polity: Classic Readings in Reformed and Presbyterian Church Government*. Grand Rapids, MI: Eerdmans, 1994.

Hall, David W., and Joseph H. Hall, eds. *Paradigms in Polity: Classic Readings in Reformed and Presbyterian Church Government*. Grand Rapids, Eerdmans, 1994.

Jowers, Dennis W. "In What Sense Does Calvin Affirm 'Extra Ecclesiam Nulla Salus'?" in *John Calvin's Ecclesiology: Ecumenical Perspectives*, Ecclesiological Investigations Series, ed. Gerard Mannion and Eduardus Van der Borght, vol. 10. New York, NY: T&T Clark International, 2011.

Kingdon, Robert M. "John Calvin's Contribution," in *Politics and Culture in Early Modern Europe: Essay in Honor of H. G. Koenigsberger*, edited by Phyllis Mack and Margaret C. Jacob. Cambridge: Cambridge University, 1987.

Klempa, William. "John Calvin on Natural Law," in *John Calvin and the Church*, edited by Timothy George. Louisville, Westminster John Knox, 1990.

M'crie, Thomas. *The Life of Andrew Melville*. Edinburgh, 1819.

Manetsch, Scott. *Calvin's Company of Pastors*. New York, NY: Oxford University Press, 2013.

McGrath, Alister E. *A Life of John Calvin: A Stuudy in the Shaping of Western Culture*. Cambridge, MA: Basil Blackwell, 1990.

McKee, Elsie Anne. "Calvin's Teaching on the Elder Illuminated by Exegetical History," *John Calvin and the Church, edited by Timothy George*. Louisville, KY: Westminster John Knox Press. 1990.

Walker, Williston. *John Calvin: The Organizer of Reformed Protestantism*. Eugene, OR: Wipf and Stock, 2004.

권현익.『기욤 파렐과 종교개혁』. 크리스천르네상스, 2021.

김광채.『근세, 현대교회사』. 기독교문서선교회, 1994.

김성진, "총회 헌법, 독노회 채택한 규칙 계승," 한국기독공보, 2022. 11. 9. 〈http://m.pckworld.com/article.php?aid=9566665560〉.

김중락.『스코틀랜드종교개혁사』. 흑곰북스, 2017.

대한예수교장로회총회.『헌법』. 대한예수교장로회총회 출판부, 2021.

대한예수교쟝로회.『대한예수교장로회로회회록』(독노회 제1회 회의록). 경성: 예수교서회, 1913.

마네치, 스캇.『칼빈의 제네바 목사회의 활동과 역사』. 부흥과개혁사, 2019.

맥그레고, 자넷.『장로교 정치 제도 형성사』. 도서출판솔로몬, 2001.

문화체육관광부, "2018년 한국의 종교현황". 〈https://www.mcst.go.kr/kor/s_policy/dept/deptView.jsp?pSeq=1731&pDataCD=0406000000&pType=03〉

박남규. "총회가 설립되기까지의 협의회,"『초기 한국장로교회사: 총회 설립(1912)을 전후하여』137-164. 한국장로교출판사, 2012.

박용규,『한국기독교교회사』, Vol. 2. 한국기독교사연구소, 2022.

배광식.『장로교 정치 사상사』. 이레서원, 2010.

안인섭.『칼빈: 하나님의 영광을 위한 열정의 사람』. 익투스, 2015.

예수교장로회죠션총회.『예수교쟝로회죠션총회 데일회회록』. 경성: 예수교서회, 1913.

워커, 윌리스턴.『기독교교회사』. 크리스챤다이제스트, 2008.

장대선. "역자 서언,"『장로교회의 치리서들』. 고백과문답, 2020.

최연식.『총회 주요결의 및 교회회의』. 대한예수교장로회총회 출판부, 2007.

황재범. "대한예수교장로회 총회설립(1912)의 역사적 의의: 독노회(1907-1912)와의 관계를 중심으로,"『초기 한국장로교회사: 총회 설립(1912)을 전후하여』. 229-284. 한국장로교출판사, 2012.

황희상.『특강 종교개혁사』. 흑곰북스, 2017.

부록 참고문헌

1차 자료(Primary Sources)

Luther, Martin. *Luther's Work*. Edited by Jaroslav Pelikan. 55 vols. Saint Louis, Concordia Pub. House, 1955-1986.

──. *Martin Luther's Basic Theological Writings*. Edited by Timothy Lull. Minneapolis: Fortress Press, 2005.

──. *What Luther Says: A Practical In-Home Anthology for the Active Christian*. Compiled by M. Plass. St. Louis, Mo.: Concordia Publishing House, 1959.

2차 자료(Secondary Sources)

Bruce, Gustav Marius. "Luther and Church Government." *Lutheran Quarterly* 5, no. 4 (November 1953): 370-378.

Conrad Bergendoff, *The Church of the Lutheran Reformation: A Historical Survey of Lutheranism*. St. Louis, Mo.: Concordia Publishing House, 1967.

Dipple, Geoffrey. "Luther, Emser and the Development of Reformation Anticlericalism." *Archiv für Reformationsgeschichte* 87 (1996): 38-56.

Ernest K. Pasiciel, "Martin Luther's Theology of the Civil Authority." *Didaskalia* 11 no 2 (Spr. 2000): 19-50.

Ewald M. Plasss, *What Luther Says: A Practical In-Home Anthology for the Active Christian*. St. Louis, Mo.: Concordia Publishing House, 1959.

F. W. Kantzenbach, "The Reformation's Power to Organize the Church and Confessional Lutheranism from 1530 to 1648." In *Lutheran Church Past and Present*, edited by Vilmos Vajta, 28-50, Minneapolis, Minn.: Augsburg Publishing House, 1977.

Forell, George W. *Luther and Culture*. Decorah, Iowa ; Luther College Press, 1960.

Forell, George W., Harold J. Grimm and Theodore Hoelty-Nickel. *Luther and Culture*. Decorah, Iowa: Luther College Press, 1960.

Gassmann, Gunther. "The Ordained Ministry and Church Order," in *Lutheran Church Past and Present*, edited by Vilmos Vajta (Minneapolis, Minn.: Augsburg Publishing House, 1977), 167.

Gritisch, Eric W. *A History of Lutheranism*. Minneapolis, Minn.: Fortress Press, 2002.

Gunther Gassmann, "The Ordained Ministry and Church Order." In *Lutheran Church Past and Present*, edited by Vilmos Vajta, 163-184, Minneapolis, Minn.: Augsburg Publishing House, 1977.

Hendrix, Scott H. "Luther's Communities," in *Leaders of the Reformation*, edited by Richard L. DeMolen, 43-68. Cranbury, N.J.: Associated University Presses, 1984.

Kantzenbach, F. W. "The Reformation's Power to Organize the Church and Confessional Lutheranism from 1530 to 1648." In *Lutheran Church Past and Present*, edited by Vilmos Vajta, 28-50. Minneapolis, Minn.: Augsburg Publishing House, 1977.

Lohse, Bernhard. *Martin Luther: An Introduction to His Life and Work*. Philadelphia, Pa.: Fortress Press, 1986.

Meuser, Fred W. *Luthr the Preacher*. Minneapolis, Minn.: Augsburg Press, 1983.

Noll, Mark A. "Martin Luther and the concept of a "true" church." *Evangelical Quarterly* 50 (April 1978): 79-85.

Oberman, Heiko A. *Luther: Man between God and the Devil*. New Haven: Yale University Press, 2006.

Roth, J. D. *Hand-book of Lutheranism*. Utica, N.Y.: Young Lutheran Company, 1982.

Steinmetz, David C. *Reformers in the Wings: From Geiler von Kaysersberg to Theodore Beza*. Oxford, N.Y.: Oxford University Press, 2001.

Steinmetz, David. *Luther in Context*. Grand Rapids, Mich.: Baker Books, 1995.

Vajta, Vilmos. *Lutheran Church: Past and Present*. Minneapolis, Minn.: Augsburg Publishing House, 1977.

Wentz, Frederick K. "Development of Luther's Views on Church Organization." *Lutheran Quarterly* 7, no. 3 (August 1955): 217-232.

Witte, John Jr. *Law and Protestantism: The Legal Teachings of the Lutheran Reformation*. New York, N.Y.: Cambridge University Press, 2002.

Woodbridge, John. *Great Leaders of the Christian Church*. Chicago, Ill.: Moody Press. 1988.